eビジネス新書

No.340

週刊東洋経済

病院が壊れる

週刊東洋経済 eビジネス新書 No.340

病院が壊れる

本書は、東洋経済新報社刊『週刊東洋経済』2020年1月11日号より抜粋、加筆修正のうえ制作しています。情報は底本編集当時のものです。（標準読了時間 90分）

病院が壊れる　目次

残る病院・消える病院

「病院名が公表されたことで、地元住民だけでなく病院のスタッフにも不安が広がった」「県内の多くの病院名が挙げられたことで、研修医が他県に流れてしまった」「再編・統合の相手先は40キロメートル先の病院。災害時はどうするのか」

2019年10月末、厚生労働省が実施した地域医療構想に関する自治体などとの意見交換会では、多くの自治体から次々と不安の声が上がった。

厚労省は同年9月末、「再編統合についてとくに必要」として自治体病院や日赤病院など424の病院名を公表した。これは、公立・公的病院の29%に当たる。再編・統合や縮小など方針を決めるよう自治体に要請する方向だ。

やり玉に挙がった病院の地元自治体からは反発の声が強いが、「(反発が起こることは）ある程度想定したうえでのショック療法だったのだろう」（複数の医療関係者）との声もきかれた。

「高齢化が進み、病院もそれに見合った機能に変化しなければならないのに、今のまま現状維持でよいという自治体がほとんどだった」。再編リストの作成に当たった厚労省のワーキンググループメンバーで、奈良県立医科大学の今村知明教授は病院名の公表に踏み切った理由をそう語る。

実際、病院をめぐる状況は厳しい。ほとんどの公立病院は自治体からの赤字補填で支えられており、総額は年間約８０００億円。人口減少で税収が細る中、これまでどおりの補填を続けることは容易ではない。また民間病院の経営破綻も相次いでいる。

地方を中心に医師不足の解消も一向に進まない。全国の大学病院では過労死ラインで働いても給料が支払われない「無給医」の存在が診療体制の前提となっているなど、医師の長時間労働の改善も待ったなしだ。

このまま病院が壊れゆくさまを、座視してはならないはずだ。

「救急お断り」市民病院の経営が危ない

都内から電車で1時間弱の所に位置する埼玉県東松山市。東京のベッドタウンにもなっているこの街で、2つの病院が揺れている。東松山市立市民病院（114床）と東松山医師会が設立する東松山医師会病院（200床）が、厚生労働省が発表した、再編・統合を検討すべき病院の対象になったのだ。

厚労省は公立・公的病院を対象にがんや心疾患などの高度医療について「診療実績が特に少ない」、または「近くに類似した機能の病院がある」を基準に分析した。2つの病院が対象になった理由は、病院同士の近さだ。人口9万人規模の東松山市だが、車で10分ほどの距離に総合病院が2つある。しかも複数の診療科が重複している。

再編対象リストが病院への予告なしに発表されたことで、名指しされた病院からは反発の声が上がっている。突然再編対象とされれば黙っていられないのは当然だが、市民病院の杉山聡院長からは「私としては納得した」と意外な答えが返ってきた。

「赤字が膨らみ、このままでは当院の経営を続けていくことは厳しい。同じような機能を持つ2つの病院が再編統合か役割分担を検討しなければ共倒れになり、東松山市の医療体制は崩れてしまう」

全国424病院が再編検討対象

―都道府県別・再編検討を迫られる公立病院の割合―

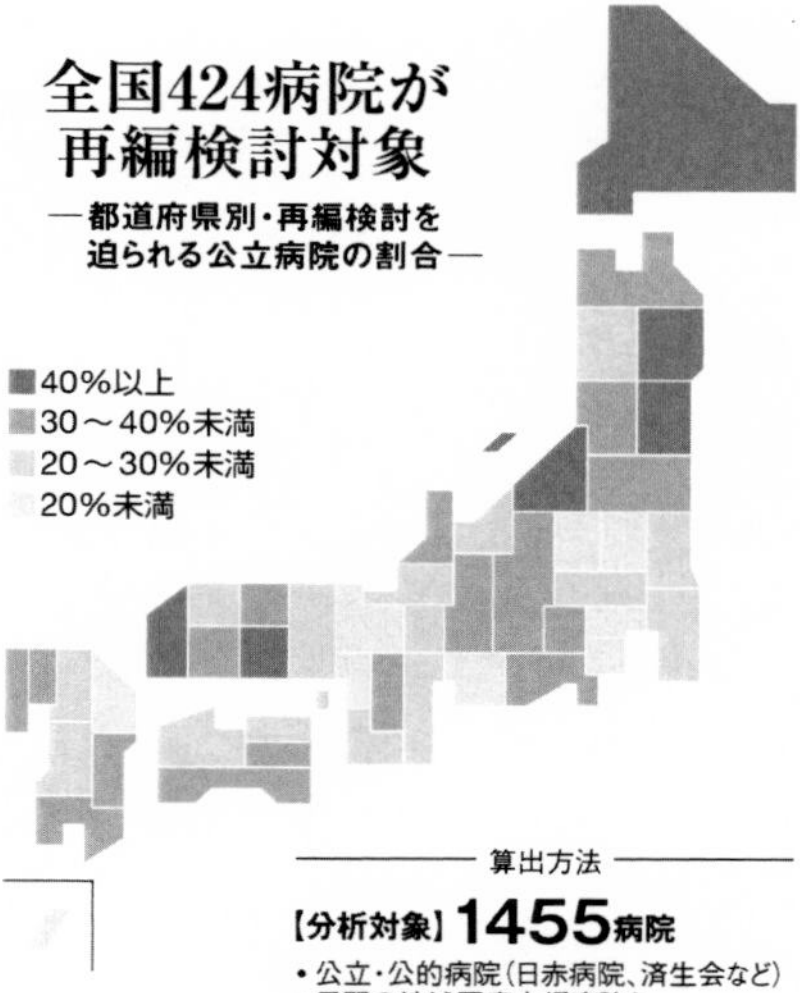

算出方法

【分析対象】1455病院

- 公立・公的病院（日赤病院、済生会など）
- 民間の地域医療支援病院と特定機能病院

【分析方法】AとBいずれかに当てはまるか?

A. 診療実績が特に少ない ………①～⑨ すべて該当

B. 車で20分以内に類似した機能の病院がある ………①～⑥ すべて該当

①がん　②心筋梗塞など心血管疾患
③脳卒中　④救急医療　⑤小児医療
⑥周産期医療　⑦災害医療
⑧僻地医療　⑨研修・派遣機能

▼

再編検討要請 424病院（29%）

（出所）2019年9月公表の厚労省資料

救急医療がもたない

市民病院は慢性的な赤字体質で、2018年には1・8億円まで経常赤字が膨らんだ。経営が傾いた最大の原因は医師不足だ。日本大学の関連病院として、かつては多くの医師が送り込まれていたが、2004年から初期研修を行う施設が大学以外にも広がり、大学の医師が減少。同院への派遣は引き揚げられ、03年に30人ほどいた医師が4年後には半減。一時は診療時間外の救急診療を停止する事態に至った。

現在は医師15人体制となり、時間外救急も再開しているが、体制は十分ではない。常勤医師は高齢化、2人いる内科医は60歳を超えている。当直の半分は非常勤医師で賄うが、救急の要請があっても断らざるをえないこともある。その結果、救急受け入れ率が下がり、収益も悪化している。

2019年4月に着任した杉山院長は経営改善策を講じているが、医師不足解決の見通しはつかない。「医師を派遣する大学へ人数を増やしてくれるよう要請したが、十分な供給は得られていない」。

こうした苦境は市民病院だけではない。医師会病院も「医師の確保が課題だ」と答える。市民病院より病床は多いが、常勤医師は12人だ。収益も潤沢ではなく、18年度は病院事業で9600万円の経常赤字を出している。

救急体制の整った中核病院がないことから、東松山市を含む比企（ひき）地域は約3割の患者が他地域の病院へ搬送されている。川越市や都内の大病院までは30分ほどかかるため、患者のデメリットは大きい。

■ 医師不足で救急の受け入れ率低下
―東松山市立市民病院の患者数推移―

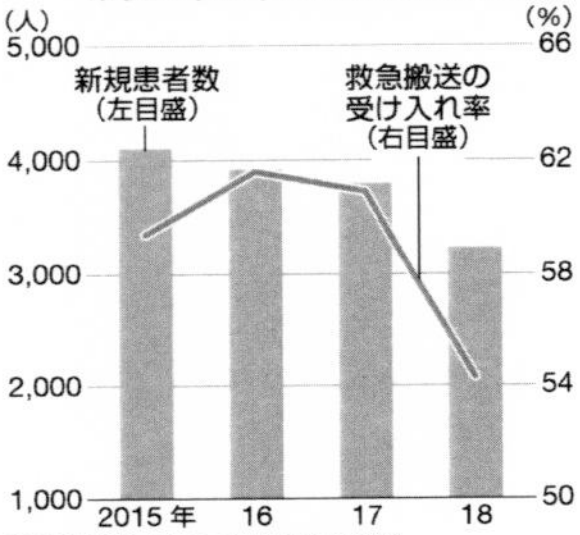

(出所)東松山市立市民病院の資料

■ 赤字が深刻に
―東松山市立市民病院の経常損益―

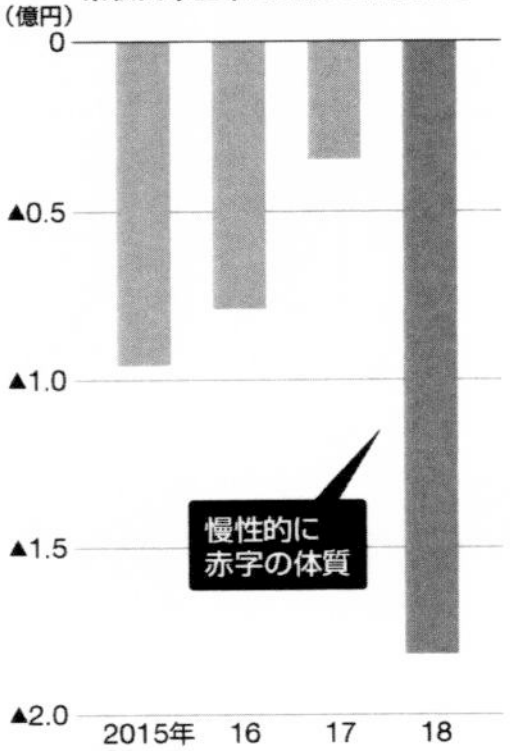

(注)▲はマイナス
(出所)東松山市立市民病院の資料

再編・統合は前途多難

医師不足と救急体制の手薄さを解決するには、重複した診療科を整理するか、統合し医師を1つの中核病院に集めるしかない。こうした意見は市内関係者の間でささやかれていたが、公言されることはなかった。しかし、「統合」についてパンドラの箱を開けたのは医師を派遣する埼玉医科大学総合医療センターの堤晴彦院長だった。

厚労省の発表後初めて同市の医療関係者が会した会議の場で、堤院長は、「2病院から医師を出してくれと言われても難しい。400床規模の大病院をつくってもらったほうが派遣しやすい」と語った。

しかし、統合は前途多難だ。先の会議の場で前出の市民病院の杉山院長は、「医療体制を崩壊させないために再編の議論をうやむやにしてはいけない」と危機感を訴える。その一方、医師会病院の松本万夫院長は、「(統合して) 大きな病院をつくるのは地域にとってはいいことだと思うが、現実化する希望は薄い。2つの病院の性格が明らかに違う」と口にした。

一般的な外来診療を行う市民病院に対し、医師会病院は医師会が設置者で地域の医師会会員である開業医からの紹介により患者が来る仕組みだ。県内の医療関係者は、「医師会病院の院長とは別に東松山を含む比企地域の医師会長がいる。誰が主導しているかあいまいで、院長が手腕を振るうのは難しい」と話す。

埼玉県医療整備課の担当者は、「自院と周囲の病院の実績を客観的なデータで示す。統合ありきではなく各病院の役割分担を考えてもらいたい」と話す。一方、東松山市は「現時点で市民病院の具体的な方向性については、答えられない」とした。

経営主体が違う病院同士の話し合いが難航するのは目に見えている。しかし、現状を放置し続けても医師不足は解消されない。2病院とも立ち行かなくなれば、困るのは住民だ。

（井艸恵美）

今変わらなければ〝突然死〟も? ニッポンの病院の正念場

長年通い慣れていた病院が突然なくなる。そんな日がいつ来てもおかしくないほど、病院を取り巻く環境は厳しい。

日本の病院数は2000年の9200超から、18年には8400弱へと、この間一貫して減り続けてきた。しかし、それでも人口当たりの病床数はドイツやフランス、米国など経済協力開発機構(OECD)加盟の先進諸国と比べ圧倒的に多い、「病院過剰国」だ。

一方、医師や看護師など医療スタッフは不足している。医師の絶対数は少なく、さらには診療科間での偏在がある。医学部の定員は増えたとはいえ、地方を中心に相変わらず医師不足にあえいでいる。

現場の医師には過重な労働がのしかかる。救命救急機能を有する病院の8割超は、週の勤務が80時間超の医師がいるとしている。

病院数は過剰だが医療スタッフが不足

病床数と医療機器が多い

国名	人口1000人当たりの病床（床）	人口100万人当たりの台数	
		CT（台）	MRI（台）
日本	**13.1**	**111.5**	**55.2**
ドイツ	8.0	35.1	34.7
フランス	6.0	17.4	14.2
イタリア	3.2	34.7	28.6
米国	2.8	42.6	37.6
英国	2.5	9.5	7.2
カナダ	2.5	15.3	10.0

（出所）経済協力開発機構（OECD）2019年

医師と看護師は少ない

国名	病床100床当たりの人数	
	医師（人）	看護師（人）
イタリア	125.4	182.3
英国	110.8	308.5
カナダ	105.1	395.2
米国	93.4	427.6
ドイツ	53.1	161.6
フランス	52.8	175.3
日本	**18.5**	**86.5**

過酷な医師の働き方

―週勤務80時間超の医師がいる病院―

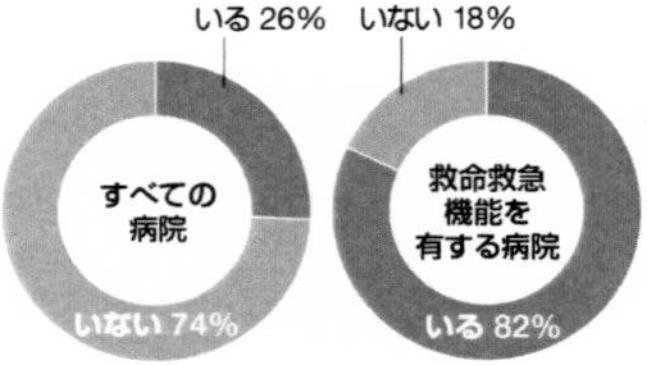

（出所）医師需給分科会資料

同時に、入院患者数そのものも大きく減っている。医療の高度化により入院日数が短くなっていることに加え、診療報酬が減額されるようになったことで長期入院が避けられているためとみられる。日本の人口はすでに15年から減少に転じており、今のままの病院数では、需給ギャップはますます開くことになるだろう。

すでに日本の病院の経営状況は苦しい。民間の医療法人は約3割が赤字で、自治体病院に至っては一般財政からの繰入金を含めなければ約9割が赤字に陥っている。自治体病院は、医業支出が増えるのに医業収益（会社での売上高）は増えないという構造に陥っている。

病院の経営は厳しい

自治体病院の収益は悪化 —医業収支比率の変化—

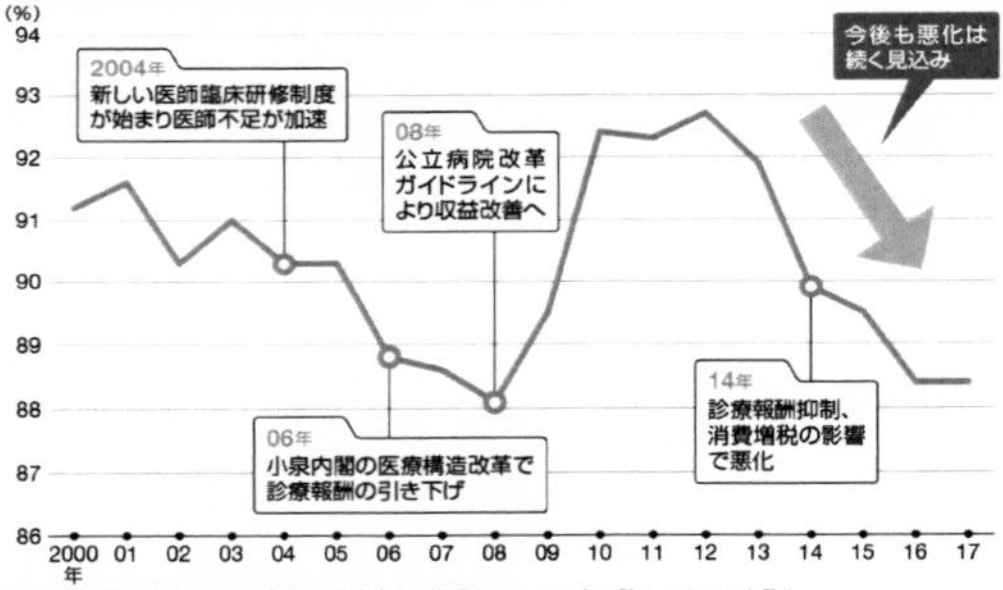

(注)自治体病院全体の医業収支比率。医業支出が医業収益によって何%賄われているかを示す
(出所)総務省「地方公営企業年鑑」

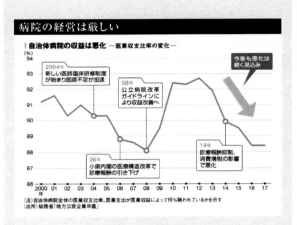

そうした中で、病院の役割（機能）分担の見直しは欠かせない。人口減少で生産年齢層の患者が減り、高齢の患者が増えている。高度医療を必要とするような重症患者は減り、リハビリや介護を含めた長期的な療養が必要な高齢患者の医療需要が高まるはずだ。

国は地域医療を充実させる「地域医療構想」を掲げ、病院再編や病床機能の転換を進めるよう地方自治体に促しているが、一向に進んでいない。

高齢者に合った機能への転換が必要

リハビリや介護の需要が増える —病床機能の変化—

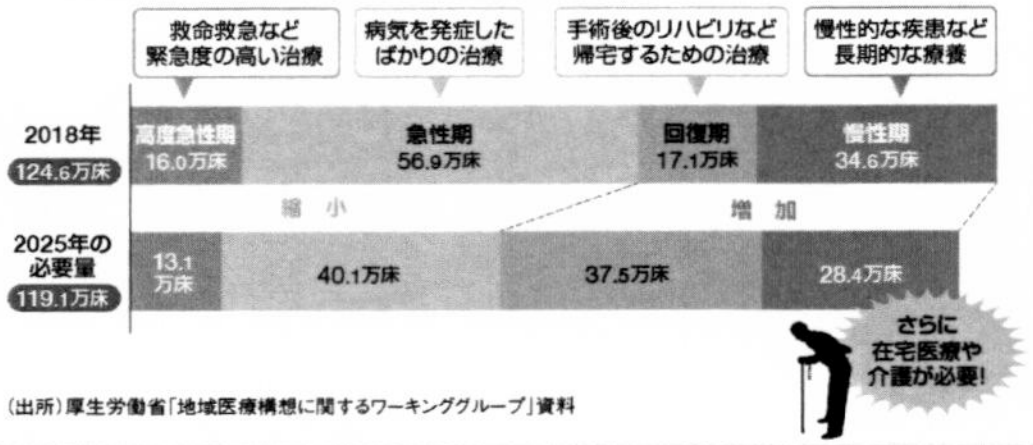

(出所)厚生労働省「地域医療構想に関するワーキンググループ」資料

病院間の分断を招く

厚生労働省が19年9月に再編を検討すべき公立・公的病院を公表したのには、進まぬ病床転換・病院再編に業を煮やしたという面がある。この公表が再編促進の起爆剤になればよいが、想定外の副作用が起きている。

各地で公立病院の再編・統合に携わってきた城西大学の伊関友伸教授は、「診療実績を基に一律で線を引いたため、交通アクセスが悪い地方の中小病院が数多く対象となった。その一方で、再編を進めるべき都市部の病院が多く漏れた。これではかえって再編・統合が進まなくなる」と指摘する。

公立病院のうち約7割を占める市町村立病院には、地域特有の事情を抱える病院もある。その1つが再編の検討対象になった、東京都奥多摩町にある町立奥多摩病院(43床)だ。町で唯一の病院で、隣の青梅市にある病院までは車で40分かかる。面積の大きい奥多摩では病院まで来られない患者もいるため、平日午後は自宅まで医師が診療に出向く。

「訪問診療には医師と看護師、運転手が必要で費用がかさむ。民間では経営が成り立たないが、公立病院として福祉的な役割を担っている」（奥多摩病院の事務長）

都心部でも対象になった東京都の区立病院がある。台東区にある台東病院（120床）は、浅草周辺に暮らす高齢者医療の拠点になっている。その特徴は1000平方メートルを超える広いリハビリテーション室があることだ。治療後、家に帰るまで（回復期）の患者を多く受け入れている。

台東区は2次医療圏では千代田区や文京区と同じ「区中央部医療圏」に属している。同医療圏は大学病院が密集しているため、病床過剰地域と見なされる。しかし、高度医療を行う大病院は豊富だが治療後の受け皿となるような病院が少ない。患者需要はあっても、「土地代が高いため、診療報酬が低い回復期や療養では採算が取れない」（都の医療政策課）という事情がある。

台東区の担当者は「現状でも回復期と療養のニーズを満たしているとはいえず、今後は増やしていかなければいけない」と話す。

地域に不可欠な中小病院が対象になる一方で、病院が密集し再編が必要な都市部の病院の多くは対象外となった。交通アクセスがよく、一定の診療実績があるからだ。

厚労省が各地で自治体や病院関係者向けに開いた説明会では、ある自治体の代表が「対象になっていない病院から『自分のところは関係ない』と言われ、協力が得られにくくなった」と訴えた。

再編が進まない理由

日本では民間病院が7割以上を占め(病床数ベース)、公立・公的病院だけを議論しても再編は進まない。「大都市部は民間が多いが、過疎地では公立病院が地域医療の中心的な役割を担っている。公立病院の見直しを優先する手法が、すべての地域に当てはまるとは限らない」とニッセイ基礎研究所の三原岳氏は言う。

このように、民間病院の議論は公立より進んでいない。民間病院の7割近くが議論(検討)を始めていない。厚労省は民間病院のデータも集積する予定だが、診療実績の公表については病院経営への影響を懸念する医師会から反発の声もある。

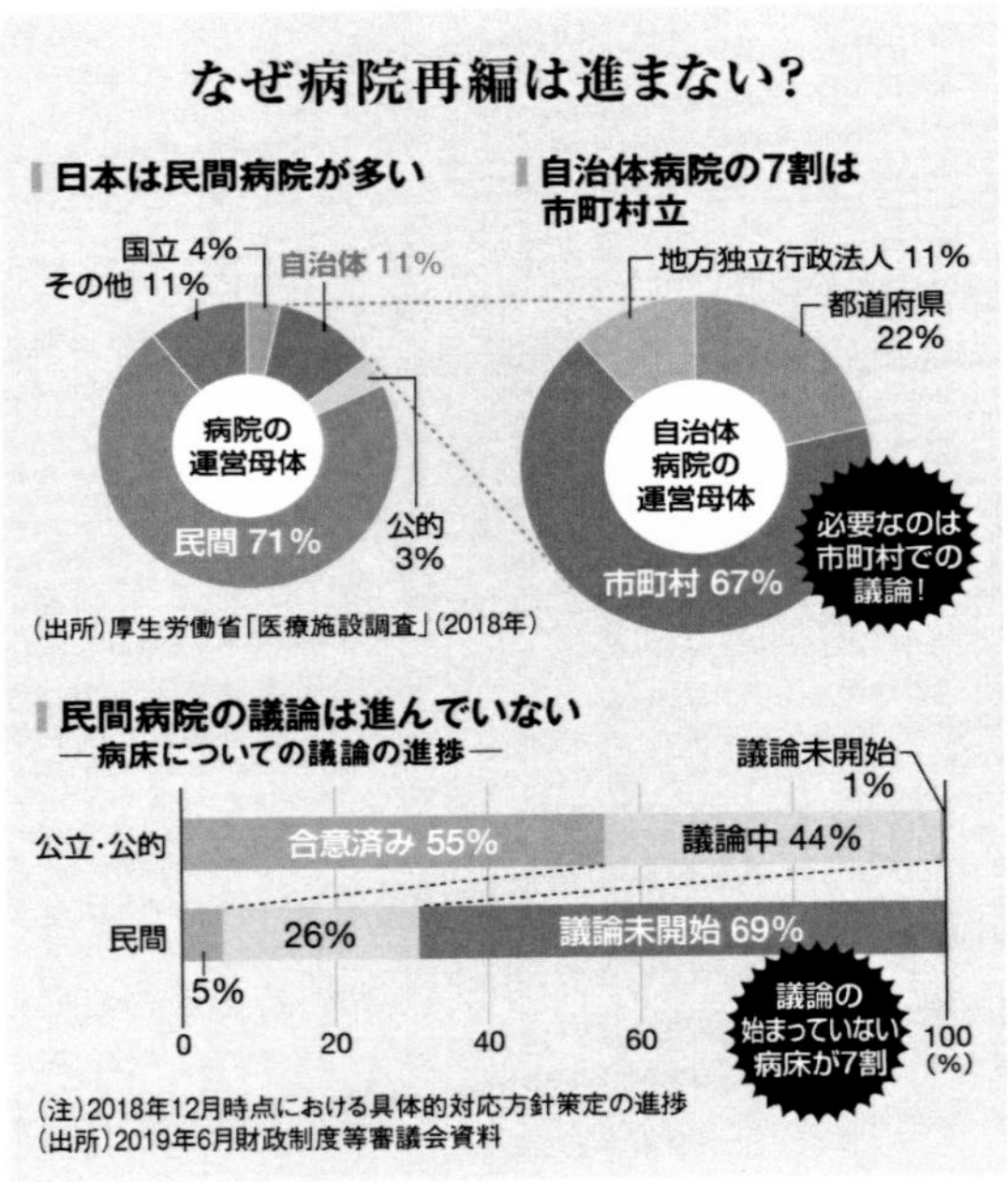
なぜ病院再編は進まない?
日本は民間病院が多い
国立 4%
自治体 11%
その他 11%
病院の運営母体
公的 3%
民間 71%
(出所)厚生労働省「医療施設調査」(2018年)
自治体病院の7割は市町村立
地方独立行政法人 11%
都道府県 22%
自治体病院の運営母体
市町村 67%
必要なのは市町村での議論!
民間病院の議論は進んでいない
—病床についての議論の進捗—
議論未開始 1%
公立・公的
合意済み 55%
議論中 44%
民間
5%
26%
議論未開始 69%
議論の始まっていない病床が7割
0
20
40
60
100 (%)
(注)2018年12月時点における具体的対応方針策定の進捗
(出所)2019年6月財政制度等審議会資料

本誌の取材に対し加藤勝信・厚労相は、「自治体向けに提供する」と言うにとどめ、具体的な時期と詳細な内容は明言を避けた。

再編が進まないもう1つの理由は、医療圏ごとに将来の医療体制を考える地域医療構想調整会議の体制にある。この会議で再編が協議されるが、そのメンバーは民間を含む病院の院長、医師会長など利害関係者だ。「市場縮小に向け互いにどうするかを話し合おうというのは、他産業なら談合と同じ。性善説に基づいている協議では話が進まない」との指摘がある。

ある医療関係者は、「再編は言い出した人が悪者扱いされるから誰も口にできない。本音では『誰かに決めてほしい』と思っている当事者もいる。最終的には、設置者である自治体からの要請が必要だろう」と話す。

行政側が再編を決めても、当事者である病院と地域住民の合意を得られなければ破談に終わる。病院再編には地域住民を巻き込んだ議論が必須だ。

議論が進まない中で、需要減少や医師不足が進めば、病院の〝突然死〟も避けられない。

（井艸恵美）

INTERVIEW

医療提供体制の見直しは必須だ

厚生労働相・加藤勝信

再編・統合の検討が必要な「424病院リスト」を公表した真意を、加藤勝信・厚生労働相に聞いた。

——地域医療の再編は都道府県主体で進められていますが、国が再編の検討が必要だと病院名を発表した意図は何でしょうか。

各都道府県は地域医療構想を2016年度までに策定し、25年をゴールにその実現を図っていくこととしている。公立・公的病院については具体的な見直し計画が提出されたが、現状維持という病院が多く、議論が進んでいないとの指摘がなされている。さらに検討をしてもらうため、今回の資料を公表した。地域での議論が活発化してほしいという思いからだ。

ただ、資料の出し方について批判をいただいたことは真摯に受け止めている。今回はあくまでも要検証対象という形で示したものであり、直ちにどうこうすべきだと言っているわけではない。

――再編を進めるには民間病院も含めて議論する必要がありますが、民間病院についてもリストを発表しますか。

医療の供給体制をマクロで見ると、急性期の医療が非常に頭でっかちになっている。今後は地域における医療ニーズに沿って、急性期を減らし、回復期を増やしていくなどの対応が求められている。急性期における公立・公的病院の割合は5割を超えるため、それぞれが担っている役割や地域の事情などを踏まえ、見直しを行っていくことが必要だ。

隣接している民間病院のデータも早急に出してくれという声を地方自治体からいただいている。競合状況に関するデータを国から自治体に提供するよう準備を進めている。

――地域医療構想を進めるための、具体的な支援策は。

地域医療構想を進める上でのポイントは、地域医療構想調整会議で具体的な内容まで合意形成できるかどうかにある。ただし、再編に当たっては、職員の雇用に関わる課題、借入金や債務など財務上の課題もハードルだ。

20年度予算案においても、地域医療介護総合確保基金による財政支援を充実させ、地域医療構想の実現をさらに図る観点から、医療機関の病床ダウンサイジングなどに対する支援を全額国費で行うための予算を新たに確保し、構想の実現に向けた取り組みを一層推進させるための財政支援を行うこととしている。

住民の声を聴き、理解を得ながら地域の医療提供体制の見直しを図っていくことが大事だ。将来の医療体制を考えてもらうために、国も一緒になって取り組んでいきたい。

(聞き手・井艸恵美)

加藤勝信（かとう・かつのぶ）
1955年生まれ。79年東京大学経済学部卒業、大蔵省（現財務省）入省。2003年から衆議院議員。19年9月から2度目の現職。

無給医問題があらわにした医師たちの〝超〟長時間労働

「病院で息子の遺体を目にしたはずですが、17年の月日が過ぎた今でも記憶が出てきません。脳が拒否しているのだと思います」

長男を交通事故で亡くした、鳥取県在住の前田三女子（みなこ）さん（70）は話す。2003年3月、鳥取大学（鳥大）の大学院生だった前田伴幸医師は、鳥大附属病院からアルバイト先の関連病院に向かう運転中に、大型トラックと正面衝突して脳挫傷で亡くなった。享年33。

前田医師は医師免許取得後、鳥大病院などでの研修医や勤務医を経て、1999年に鳥大大学院の博士課程に入学した。本来であれば亡くなった月末に博士号を取得し、翌月から県立病院に勤務するはずだった。2002年秋から鳥大病院で診療を行っていたが無給で、関連病院のアルバイトで生計を立てていた。

突然の息子の死に直面し、悲嘆に暮れる両親に追い打ちをかけたのが、大学側の対応だった。「終始こちらを見下したような物言いばかりだった」。医学博士の学位記と荷物を取りに大学を訪問した三女子さんは、応対した教授の態度をそう振り返る。

過重な勤務をさせた大学と裁判で争うことを決め、弁護士を通じ勤務記録を入手すると、その過酷な日々が明らかになった。事故前3カ月間で完全な休日は3日のみ。事故前1カ月の時間外労働は200時間。事故直前の1週間は当直2日を含む徹夜勤務が4日あった。事故時も徹夜で心臓バイパス手術を行った後、そのまま関連病院に向かう途中だった。

裁判所は大学側の安全配慮義務違反を認め、労働災害も認定された。「院生でも医師として働いているのだから、無給ではなく生活ができるだけの給料を出してもらえたら、これほど無理する必要はなかったのに」(三女子さん)。

持ち出しで働く無給医

前田医師のように大学病院などで診療しても給与の支払われない「無給医」の存在は、決して過去の話ではない。文部科学省は19年6月、全国の大学病院に計2191人の無給医がいたと発表した。調査対象の医師・歯科医師約3・2万人の7%に上る。精査中の大学もあり、増える可能性が高い。無給医の多くは、大学病院で診療しているのに雇用契約を結んでおらず、労災保険も未加入だった。

「大学院の学費が年数十万円かかるから、無給どころか持ち出しだ」。都内の大学病院で無給医として働く30代男性は実情を語る。博士課程1年目は、毎日のように朝8時から夜10時過ぎまで病棟の主治医として無給で働いた。空き時間のほとんどをアルバイトに費やしたが、年収は半減。健康保険や年金もすべて自己負担となった。

収入減以上に困惑したのが、労働者と見なされないことによる不利益だ。月100時間以上の残業をしているのに、勤務証明できるのは月3日の当直だけだった。「これでは子どもを保育園に入れられないし、住宅ローンも組めない」。労働基準監督署には「雇用契約書がなければ労働者に当たらない」と門前払いされたという。

無給医の存在は患者の不利益にも直結する。「担当医がアルバイト疲れによる慢性的な睡眠不足では、医療事故のリスクは確実に高まる。病院は無給医の診療は演習、実習だというが、医療費を支払っている患者にそんな説明はしていない」（同無給医）。

こうした慣行が大学病院で続いてきた背景には、医局という制度がある。無給医の多くは医師免許を持つ大学院生、それと専門医を目指す専攻医（後期研修医）の一部だが、教授を頂点とするピラミッド構造の最も下に位置する。

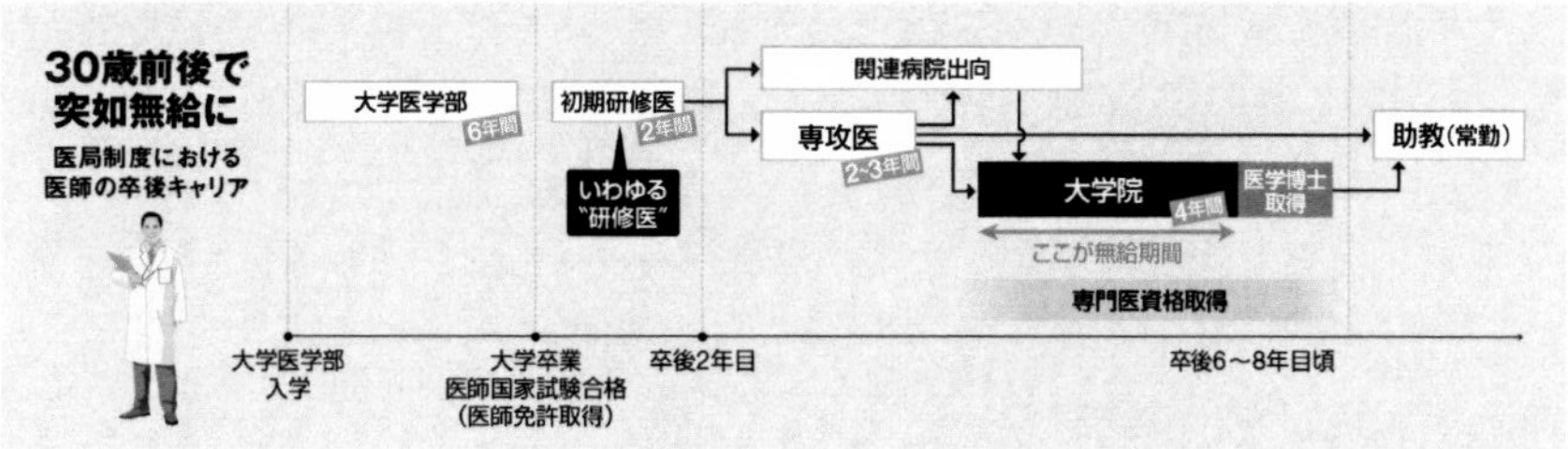
30歳前後で
突如無給に
医局制度における
医師の卒後キャリア
大学医学部
6年間
初期研修医
2年間
いわゆる
"研修医"
関連病院出向
専攻医
2~3年間
大学院
4年間
医学博士
取得
助教(常勤)
ここが無給期間
専門医資格取得
大学医学部
入学
大学卒業
医師国家試験合格
(医師免許取得)
卒後2年目
卒後6～8年目頃

「博士号の取得は研究を志す医師には不可欠だが、取得には教授が絶対的な権限を持っている。また、専門医資格を得るためには症例数の多い大病院が有利だが、大抵は大学の関連病院。その人事は教授の一存で決まるので、無給医は不満の声を上げられない」。無給医問題に詳しい、全国医師ユニオン代表の植山直人医師は話す。

厚生労働省の検討会が2019年3月にまとめた医師の働き方改革の報告書では、ほかの勤務医とは別に、2種類の医師に適用される特例的な残業の上限を年1860時間とした。これは月155時間の残業に相当し、「過労死ライン」の2倍近い水準となる。特例対象の1つが、研修医や専攻医だ。専攻医への負荷増に加え、「一般医師の勤務時間が制限されることで、無給医へ仕事のシワ寄せがいくのは必至だ」(先の無給医)とされる。

■一部医師の残業上限は過労死ラインの倍
―医師の時間外労働の上限（2024年4月から）―

一般の労働者	一般の勤務医	地域医療の維持に不可欠な病院の勤務医	研修医・専攻医など
		地域医療確保暫定特例水準	一定の期間集中的に技能向上のための診療が必要な場合の水準
年720時間（休日労働を除く）月100時間未満（年間6カ月まで）	年960時間 月100時間（例外あり）	年1860時間 月100時間（例外あり）医療機関を特定	

（出所）厚生労働省

こうした医師たちの深刻な長時間労働に歯止めをかけようとする動きもある。聖路加国際病院（東京都中央区）は2016年に労働基準監督署の立ち入り調査が入ったことをきっかけに働き方改革に着手した。34あった土曜の外来診療科目を救急のみ残して廃止し、夜間の配置医師数も減らした。その結果、月の平均残業時間は約95時間から35時間まで減った。

福井次矢院長は「女性医師も働きやすくなったと評判になり、救急部や麻酔科、集中治療科など人手不足の診療科に医師が集まるようになった」と話す。

力関係による無償奉仕の強要から、働き方の見直しへ。医師不足対策にはこうした抜本的な転換が求められる。

（風間直樹）

病床利用率の低下で危機に直面

毎年約400億円の赤字　東京都立8病院の経営難

地方自治ジャーナリスト・葉上太郎

2つの数字がある。東京都立病院の赤字は年約400億円といわれることが多いのだが、約20億円という数字もあるのだ。

この差こそ、都立病院の「都立たるゆえん」を物語る。

総務省の2017年度版「地方公営企業年鑑」によると、都立8院の「実質的な赤字」を足すと計414億5000万円になる。一方、「東京都からの補填」は都立8院を合計すると計394億円だ。都立病院には一般会計からこれだけの税が支出されているという意味である。この補填額を「実質的な赤字」から差し引くと計20億5000万円になる。

赤字は４１４億５０００万円なのか、それとも２０億５０００万円か。そもそも一般会計からの支出とはどのような内容なのか。

都立8病院の赤字額は合計約400億円
—都からの補塡を除いた経常損失—

病院名	実質的な赤字（億円）	東京都からの補塡（億円）	総収益（億円）	病床数
小児総合医療センター	▲65.5	65.5	196.1	561
駒込病院	▲64.1	65.4	331.0	815
松沢病院	▲60.4	60.3	132.5	898
墨東病院	▲59.6	63.6	293.9	765
広尾病院	▲47.6	27.4	131.7	469
多摩総合医療センター	▲46.0	53.2	320.7	789
大塚病院	▲39.3	26.6	127.5	508
神経病院	▲32.0	32.0	71.1	304

（注）実質的な赤字は東京都からの補塡（他会計からの繰入金）を除いた経常損失。
▲はマイナス
（出所）「平成29年度地方公営企業年鑑」を基に本誌作成

ほかにない都立の医療

公営企業として運営される公立病院は独立採算が原則だ。しかし、公立には公立だからこそ行わなければならない医療がある。これを「行政的医療（政策医療）」という。都立の場合、①法令で行うよう定められた医療（精神科救急、結核、感染症、災害など）、②社会的要請があり、とくに対策が必要な医療（難病、周産期、救急など）、③新たな課題に先導的に取り組む医療（小児がん、小児精神科など）としている。民間病院では不採算になったり、診療したがらなかったりする患者を、セーフティーネットとして受け入れる経費を税で賄っているのだ。

これらは、東京であるがゆえの課題も色濃く反映している。

例えば、妊婦検診を受けていない「未受診妊婦」。母親が病気に感染しているかどうかや、胎児の状態がわからず、民間は受け入れたがらない。最後の受け皿になるのは大塚病院（豊島区）だ。新生児集中治療室があり、手慣れたスタッフもそろっている。広尾病院（渋谷区）は伊豆・小笠原諸島から直接ヘリコプターで患者を受け入れる。

画像診断などでも島の医師に協力している。

近年増えているのは外国人の受診だ。「どこの国の人か、特定までに時間がかかるし、お金を持っているかどうかも確認しなければならない。都立病院では全院が19年度中に外国人患者受け入れ病院の認証機関から認証を受ける予定で、職員の外国語研修も援助している」と東京都病院経営本部の桑原優子・経営戦略担当課長は話す。

駒込病院（文京区）はがんの先進医療や感染症に重点を置く。

それだけではない。行政的医療に特化した病院も3院ある。

松沢病院（世田谷区）は精神科の専門病院で、症例の少ない患者を受け入れるなど国内最先端だ。

小児総合医療センター（府中市）は202床もの精神科病床を持っており、小児専門病院ではほかに例がない。

同じ敷地内にある神経病院は神経系難病の入院専門病院で、難治性てんかんやALS（筋萎縮性側索硬化症）の患者が全国から集まる。都はやはり同じ敷地にある多摩総合医療センターの診療科目のうち、リウマチなどの免疫系難病を含めて再編し、「難病医療センター」とする予定だ。

「約400億円の赤字」の是非は、これらが都に必要かどうかを議論して判断すべきだろう。

ただ、こうした役割があるからといって、野放図に税を支出していいわけではない。都は民間で行うようになった項目を除外するなどしており、2010年度に500億円ほどあった一般会計の支出を、100億円程度減らした。

元気な病院にするには

一方、もう1つの「約20億円の赤字」、これは経常損失を意味するのだが、極めて深刻だ。08~15年度は経常黒字だったのに、16年度に7億円近くの赤字に転落、17年度の赤字は約20億円に増えた。18年度は約30億円に膨らんだ。

「ベッドの稼働率が悪くなっているためで、危機的だ」と墨東病院(墨田区)の上田哲郎院長が説明する。同院は、墨田・江東・江戸川区の2次医療圏で唯一500床以上を持つ総合病院だ。高度救命救急、精神科救急、周産期、感染症、災害医療などさまざまな行政的医療を行っている。

病床利用率の低下は、国が在院日数を短くするよう誘導しているためで、都立全体の傾向でもある。対策として地域の診療所などと連携を深め、患者を紹介してもらっている。このため墨東病院の新規入院患者数は増えているが、それでも病床利用率は下がり気味だ。

各院に裁量がないため運営が厳しくなっている部分もある。

医師・看護師の疲弊対策で、医師事務作業補助者や看護補助者を導入する場合、診療点数が加算されるようになったが、都は職員数を増やしたくない。「導入が認められたのは民間に何年も遅れてだった」と上田院長は話す。

医療機器の購入もなかなか認められない。墨東病院には、前立腺がんで保険適用される、ロボットを使った内視鏡手術の機器がない。「前立腺がんの患者が減った。最先端機器があるかどうかを患者がインターネットで調べて病院を選ぶ時代なのだ」と上田院長は嘆く。

機器導入が遅れれば、先導的医療ではなくなるので、民間に任せればいいという話になる。ただ、余波は大きい。この機器の保険適用範囲はほかの疾病にも広がった。そうした診療科の患者も減れば、医師確保などに響く。上田院長は「救急や災害医療などに影響が出かねない。行政的医療を行うには、元気な都立病院でなければならない」と力説する。

医師の採用も、病院経営本部を通じて、総務局人事部の判断を仰ぐ必要がある。時間がかかっているうちに他院に奪われかねない。医師として採用したら2年間は医長になれず、管理職ポストの数も決まっていて、部長には40代半ばまで昇進させられない。そうなると、技術は高くても若い医師の採用や処遇は難しい。

小池百合子知事は、2019年12月の都議会で、都立8院を独立行政法人化する方針を明らかにした。

都の病院は、すでに6院が直営ではなく、外郭団体の東京都保健医療公社の傘下に置かれている。これらも含めて14院すべてが独立行政法人に移管される方向だ。「独立行政法人は都立と公社の中間のような存在」(病院経営本部)だが、民間の発想で経費縮減が求められ、行政的医療の今後に危機感を持つ人もいる。

上田院長は「行政的医療を行うための補助金は都にしっかり出してもらわないといけない」と前置きをしたうえで、「各病院の努力でお金を貯めて機器を買ったり、医師を柔軟に採用したりする裁量が生まれるなら、現在より夢があるのかなと思う」と話す。

現場が夢を持てる議論が望まれる。

葉上太郎（はがみ・たろう）
全国紙記者を経て、2000年からフリーランス。住民視点の地方自治が専門。医療問題、食糧問題なども取材。著書に『日本最初の盲導犬』（文芸春秋）、『瓦礫にあらず』（岩波書店）。

高度医療の中核病院建設に「待った」

金物加工の町として知られる新潟県の燕市と三条市。上越新幹線・燕三条駅を降り、目の前にある北陸自動車道高架下をくぐるとすぐ、広い空き地が見えてくる。周辺にはこの空き地へと続く新たな道路も整備されつつある。白いフェンスに囲まれた更地に建設されるのは、高度医療の中核病院として県が設置する「県央基幹病院」だ。

用地面積は4万2503平方メートル。9階建て450床の病院には救命救急センターも入る。その隣には三条市が設立する三条技能創造大学（2021年開校予定）の校舎が建設中だ。看護師などの医療職を育成する市立の専門学校も併設される。田んぼが広がっていた駅前の風景は、新病院を中心にがらりと変わりつつある。

ところが2019年6月、この県央基幹病院の見直し議論が突如浮上した。19年度中に用地の整備工事を終え、20年度から建築工事に入る予定だったが、それに「待った」がかかったのだ。

降って湧いた見直し

2023年に開設を目指す県央基幹病院は、三条市のJA（農協）新潟厚生連三条総合病院（199床）と燕市の県立燕労災病院（300床）が統合してできる。三条総合病院は厚生農業協同組合連合会が運営する公的病院。一方、燕労災病院は労働者健康福祉機構が運営していたが、基幹病院への移管に向けて18年から県立となった。基幹病院を新設するのは、燕市と三条市などを中心とする県央2次医療圏に、これまでなかった救命救急センターをつくるためだ。

しかし、県が設置する行財政改革有識者会議で「即刻見直すべきだ」という意見が浮上。花角（はなずみ）英世知事は計画の見直しを決めた。

有識者会議が指摘したのは、県央地域には車で30分以内の距離に100～

200床規模の病院が複数ある点だ。県立病院は加茂病院（118床）と吉田病院（110床）があり、基幹病院ができればさらに数が増える。そこで、既存の県立病院の統廃合を含めて役割や機能を見直すべき、と提言された。

「今さら何で、というのが正直なところだ」と、基幹病院に統合される予定の三条総合病院の神田達夫院長は憤る。「10年以上前から統合については何度も会議を繰り返してきた。ここに来て県の財政悪化を理由に県立病院の赤字が問題になり、それに基幹病院建設が巻き込まれた形だ」

計画見直しにまで至った背景には、県の財政危機がある。有識者会議は、近い将来訪れる借金の返済増加と病院経営の悪化を「2つの洪水が来る」と表現した。歳入が大幅に減少したのに対し歳出は増えたことで、16年から県の貯金に当たる財源対策的基金を取り崩すことになった。その額は増加傾向にあり、22年には基金が底を突き収支不足を埋められない状況が予想される。

借金が膨らみ、借金返済に充てる公債費のうち県の負担分が年々増大し、このままでは22年に、県債発行に国の許可が必要な起債許可団体に転落する可能性が高い。

19年、県は「県財政の緊急事態」を宣言。花角知事は「聖域なき改革」を打ち出し、県職員の給与カットや保育園などの公共事業の補助金見直しに踏み込んでいる。

その中でも、財政悪化の原因として強調されているのが県立病院への繰出金（補填額）だ。新潟県は県立病院の数が岩手県に次いで多く13病院もある。その分、運営費用は高くつく。

繰出金は2013年の102億円から18年には137億円に増加。繰出金のうち、国からの地方交付税分はほぼ一定のため、膨らむ病院赤字を補う県の負担が増えている。このまま赤字が続くと、23年には病院事業の内部留保資金が枯渇すると予想されている。

県立病院を管轄する県の病院局は11月、経営改善策のための「緊急的な取り組み」を発表。担当者は「民間譲渡も視野に県立病院の再編の検討を進める」と語る。

県立病院への風当たりが強まる中、19年9月に厚労省が再編統合検討を促す病院を公表した。新潟県は22の公立・公的病院が対象となり、その割合は全国で最も高い。

財政危機に端を発した基幹病院の見直しに、国の再編検討要請が重なり県立病院の存在意義がますます問われる事態に至ったのだ。

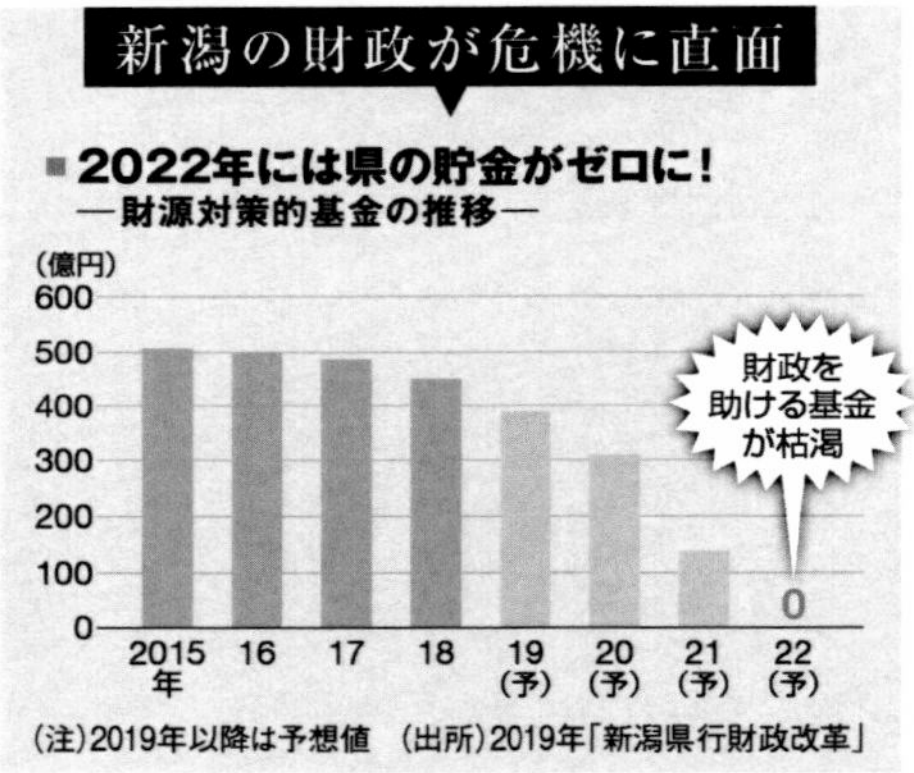
新潟の財政が危機に直面
■2022年には県の貯金がゼロに！
―財源対策的基金の推移―
(億円)
600
500
400
300
200
100
0
財政を
助ける基金
が枯渇
0
2015
年
16
17
18
19
(予)
20
(予)
21
(予)
22
(予)
(注)2019年以降は予想値　(出所)2019年「新潟県行財政改革」

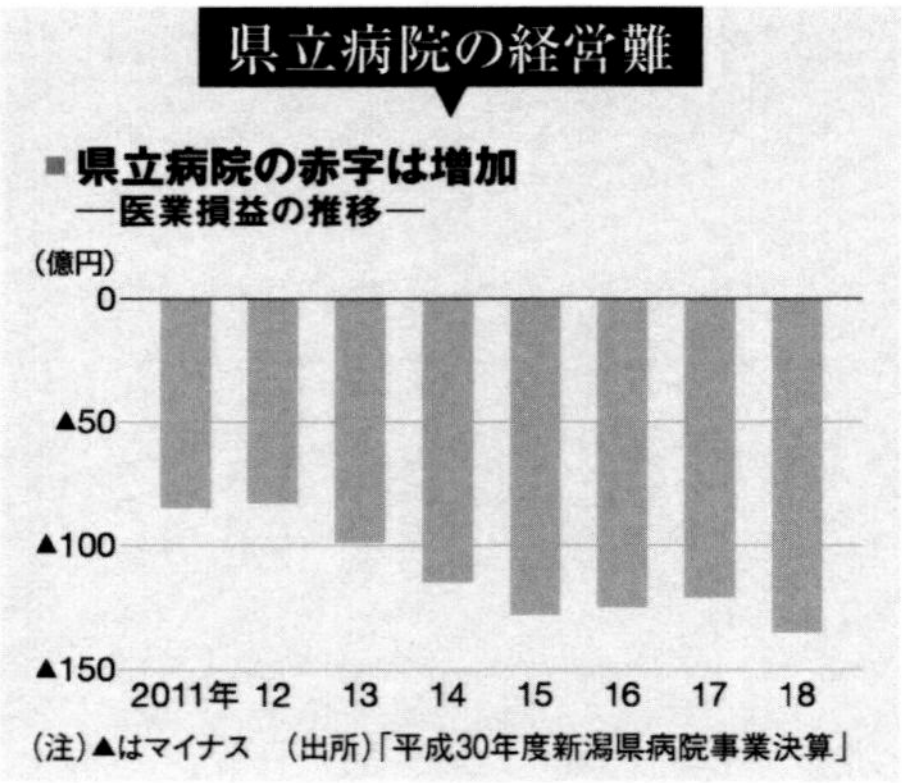
県立病院の経営難
■県立病院の赤字は増加
―医業損益の推移―
(億円)
0
▲50
▲100
▲150
2011年
12
13
14
15
16
17
18
(注)▲はマイナス　(出所)「平成30年度新潟県病院事業決算」

新築直後に再編話が浮上

基幹病院見直しに伴い再編が検討される県立加茂病院は、19年9月に病院建て替えを終えたばかりだ。厚労省の再編対象病院が発表されたのはその直後だった。

「厚労省が根拠としたデータは、以前の許可病床180床を前提にしたもので、新しい病棟では病床数を減らしている」と、加茂病院の秋山修宏院長は話す。新病院に移る直前に120床だった急性期病床を88床に減らし、30床の緩和ケア病棟を新設。新病院では118床になった。

「緩和ケアは競合する病院が少ない。ほかの地域からも患者を受け入れ、経営の改善を図りたい。急性期病床が減った分、稼働率も上がるだろう」(秋山院長)

基幹病院新設の目的は先述のように、県央医療圏にない救命救急センターをつくることだ。県央医療圏は200床規模の中小病院が複数あるが、救急体制を取れる病院がない。そのため近接する新潟市や長岡市への救急搬送が多いことが、以前から問題視されていた。

統合後も深刻な医師不足に

地域の救急を一手に担う基幹病院には各領域の医師を集める必要がある。しかし、有識者会議で基幹病院に充てる肝心の医療スタッフが足りないと指摘されたのだ。450床の基幹病院を稼働させるには、75~90人の医師が必要とされるが、統合する2病院を合計しても40人ほどしかいない。看護師も、2つの病院から全員転籍しても100人ほど不足が見込まれる。

「ハードを整備しただけで医師や看護師が集まるとは思えない」と複数の医療関係者は話す。

そもそも新潟県は、国が医師充足度の指標とする医師偏在指標が全国で46位と低い。中でも県央医療圏は県内で最も医師数が少ないうえ、高齢化も進んでいる。

実は新潟県には基幹病院をめぐって手痛い失策がある。基幹病院の先例として2015年に開設した魚沼基幹病院（南魚沼市）だ。同院は市内にある公立病院の再編と高度医療を担う拠点となるものだった。

しかし、開設時に周辺病院と連携や役割分担ができていなかったため、本来見るべき救急患者の受け入れができない事態に陥った。看護師の確保に苦戦し、当初は病床の7割ほどしか稼働できなかった。さらに18年春、医師不足で循環器内科の救急受け入れを一時中止した。準備を怠れば、魚沼の二の舞いにもなりかねない。

とはいえ、基幹病院をつくらず、現状維持をしても医師不足と高齢化は進んでいく。三条総合病院の神田院長は「医師不足はすぐには解決しないが、しっかりとした研修病院をつくり、若手医師を集めることに注力すべきだ。アクションを起こさなければ現状は変わらない」と語る。

2つの病院の統合だけで医師が足りないのであれば、同地域にある病院から集めるしか手はない。「県立病院を整理すれば看護師は確保できる。基幹病院建設の前に県立病院をどうするか決めるべきだった」(神田院長)。

当初、加茂病院と吉田病院も統合の議論に挙がっていたが、地元の反発があり再編統合には至らなかった。しかし、建設目前で議論が蒸し返されたことで混乱を招いている。魚沼と同じ轍を踏まないためには、丁寧かつ明確に周辺病院の再編と役割分担を決断する必要がある。

県は19年中に基幹病院計画に結論を出すという。基幹病院の方針を決める有識者会議は12月29日に開催され、県央地域の医療需要の減少などを理由に、同病院の整備基本計画を見直す方針で一致した。

今後新潟県のように財政難と病院再編による混乱が全国で起こる可能性は十分ある。県の行財政改革有識者会議の委員を務めた法政大学の小黒一正教授は、「地方は国全体よりも人口減少が急速に進む。公立病院の再編・統合を含め、その中で地域医療の枠組みをいかに再構築するかが問われている。新潟県はそうした問題がいち早く顕在化した例ではないか」。

県立病院には、民間病院では採算が取りにくい地域や診療科目を担う役割がある。不採算だからといって簡単に切り捨てられるものではない。県立病院の役割を存続させ地域医療を守るため、新たな箱モノをつくる前に、今ある病院をいかに再編するのか。その議論から逃げてはならないだろう。


（井艸恵美、長谷川　隆）

点ではなく面で支える医療が必要だ

慶応大学　教授・印南一路

毎年多額の補助金が投じられるにもかかわらず、多くの公立病院は赤字に沈んでいる。こうした赤字構造の背景には何があるのか。慶応大学の印南一路教授に聞いた。

――厚生労働省が全国424の公立病院、済生会や日本赤十字などの公的病院を指名する形で再編・統合の議論を促したところ、首長や病院長から反発が相次いでいます。

今回、公立・公的病院名を公開したことはむしろ当然だった。本来は自治体が主体的に、医療提供体制を描く「地域医療構想」を2018年度中に策定すべきだったのに、多くの地域では適切なプランが提示されなかった。経済財政諮問会議でも委員が繰り返し進捗の遅れを指摘してきたが一向に改善されず、確信犯的な遅れだと感じた。公立・公的病院名の個別開示ぐらいしないと、改革が進まないし国民の意識も変わらない。今後、民間病院も、地域医療構想の出来次第では病院名の公開が必要になるだろう。

――関係者からは病院は公共財との声が上がります。

もしも日本に公立病院しかなければ確かにそれは公共財だが、現実には民間病院があるし競合もしているのだから、非競合性、非排除性がなく、せいぜい準公共財だろう。

それに最も赤字補填の金額が大きいのは東京など首都圏だ。東北地方など民間病院が建設されず公立病院頼みの医療体制となっているならまだしも、首都圏では民間病院と激しく競合している。同様の医療を提供している民間病院は税の優遇措置も赤字補填もない。はたしてそれが適切な税金の使われ方といえるのか。

縮退戦略が必要

——赤字補填は小児や救急、周産期などの政策医療を担っているためといわれます。

そもそも政策医療を行っていない公立病院は不要なはずだが、個別にその内実を見ていくと、民間では難しい政策医療を行っている割合は低かったりする。行っているという不採算医療や政策医療の具体的な中身を検討することが欠かせない。

程度に応じた赤字の発生と補填は仕方がないが、それでも消費税を財源とする地域医療介護総合確保基金など国の資金は、安易に入れるべきではない。あくまで地元住民の負担を基本と考えるべきだ。

——厚労省は都道府県知事の権限強化で構造改革を進めようとしています。効果はありますか。

権限強化は望ましいが、それを行使するインセンティブを与えない限り、知事が構造改革を進めることはない。住民の反発を招き選挙で負ける。民間病院が豊富な都市部でも、これまで公立病院の建設や赤字補塡が行われてきたのは、住民エゴへの迎合だ。

1973年の老人医療費の無料化が迎合の最たるもので、需要爆発に合わせ、病院・病床とも激増した。だが人口が減少に転じる中、今後は「合理的な縮退戦略」が必要で、それができるのが優秀な首長と認識されるべきだ。

――戦略を阻害しているのは。

原因は2つ。医師もいないのに病院存続を望む住民の箱モノ信仰と、医療関係者の急性期病床数維持信仰だ。これに個別の自治体が対応するのは難しい。例えば3年連続して病床利用率7割を切るような病院は統廃合するといった基本プランを国が描くべきだ。

同時に、病院がなくなると医療へアクセスできなくなるとの住民の不安を解く努力も欠かせない。オンライン診療・服薬指導の促進などの規制改革や、ドクターヘリや救急車の配備の拡充など、点ではなく面で支える体制構築が求められる。

（聞き手・井艸恵美）

印南一路（いんなみ・いちろ）
1982年東大法学部卒、Ph.D.（米シカゴ大学経営大学院）。シカゴ大助教授などを経て現職。
専門は医療福祉政策、意思決定論。

【現地ルポ】地域医療の牙城を守れるか

日本赤十字病院の危機

医療ジャーナリスト・佐藤光展

日本赤十字社（日赤）が揺れている。厚生労働省が公表した「424病院リスト」の影響だ。

日赤が運営する全国91病院のうち、次の24病院がこのリストで名指しされた（閉院した兵庫県の柏原赤十字病院を除くと23病院）。日赤病院全体の2割超が、国から存在意義を問われたことになる。

厚労省の再編検証リストに入った日赤の23病院

【北海道】函館赤十字病院・栗山赤十字病院・小清水赤十字病院・清水赤十字病院

【神奈川県】　秦野赤十字病院・相模原赤十字病院
【長野県】　川西赤十字病院・下伊那赤十字病院・安曇野赤十字病院・飯山赤十字病院
【静岡県】　伊豆赤十字病院・浜松赤十字病院
【滋賀県】　大津赤十字志賀病院
【京都府】　舞鶴赤十字病院
【大阪府】　高槻赤十字病院
【兵庫県】　多可赤十字病院
【広島県】　三原赤十字病院・庄原赤十字病院
【山口県】　小野田赤十字病院
【福岡県】　嘉麻赤十字病院
【長崎県】　長崎原爆病院・長崎原爆諫早病院
【鹿児島県】　鹿児島赤十字病院

日赤本社はこの事態をどう捉え、対応するのか。2019年11月から複数回にわたり取材を申し込んだが、本件についての取材は「今はすべて断っている」との回答だった。

多額の税金で成り立つ公的病院グループの本社が、地域医療の取材で拒否を貫く事態は尋常ではない。日赤本社職員はこう明かす。

「日赤は医療を通じた地域貢献を理念としてきた。しかし今、病床の転換や削減だけでは済まない病院がいくつもある。理念と現実の狭間で揺れに揺れている」

兵庫県丹波市では2019年春、経営不振にあえぐ柏原赤十字病院が県立柏原病院と合併し丹波医療センターとなり、閉院した。日赤病院とほかの医療機関との統廃合は、これから増えると予想される。だが、「お荷物病院」を次々と切り捨てれば済む話ではない。

日赤は、1952年制定の日本赤十字社法に基づく認可法人として誕生した。病院運営は柱の事業で、災害医療、救急医療、地域医療などからの地域貢献を理念としている。

各病院は独立採算制を取り、日赤からの返済不要の補助金はない。地域の健康を支え、財政面では地域に支えられた病院運営が求められる。

18年度、日赤の医療事業は総収支238億円の赤字となった。前年度比54億円の収支悪化。医業収益は前年度比2・2％の伸びを示したが、医師の増加や働き方改革への対応による人件費の増加と、新築移転などによる費用の増加が足を引っ張った。

■ 直近は238億円の赤字
—日赤医療事業総収支の推移—

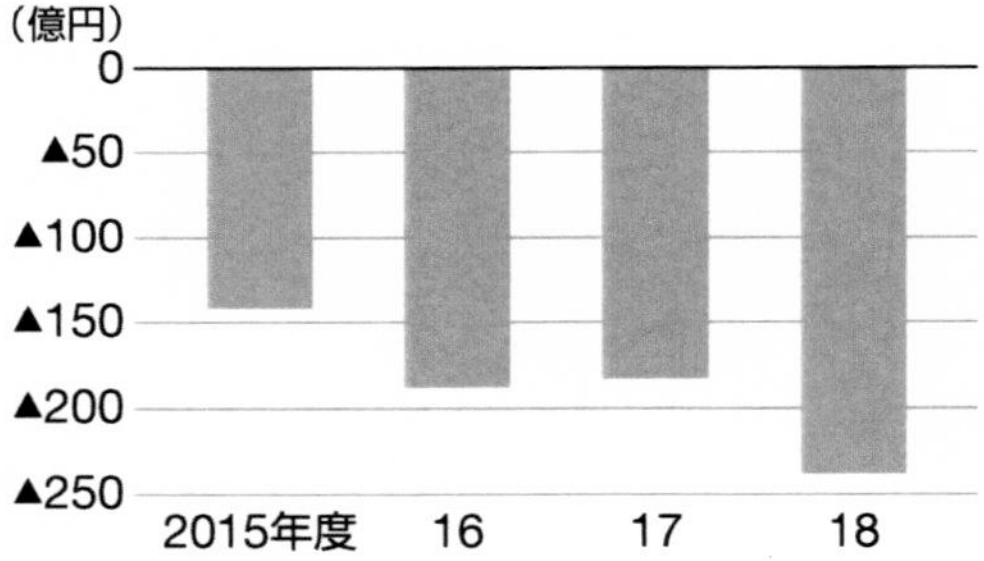

(注)▲はマイナス
(出所)日本赤十字社業務報告書

人件費の削減は容易ではない。病院は医師がいなければ始まらず、医師が減れば対応可能な患者が減って、経営は悪化する。そのため、病院は医師確保に躍起になる。新臨床研修制度の導入後、大学からの医師派遣が激減した地方病院の医師不足はとくに深刻で、医師獲得合戦を強いられている。過疎地域にある日赤病院の院長はこう漏らす。

「数年前、ベテラン医師に年収千数百万円を提示して、うちに誘ったことがある。すると『公立病院は倍以上の額を出すと言っている』と言われ、フラれてしまった。首長の中には、医師確保の実績を上げるため破格の年俸を約束する人もいて、勝負にならない」

こうして人件費は過度に上昇する。常勤医師を確保できない病院は、大学病院などからの短期派遣でしのごうとする。だが、これを繰り返すと医師が行き来するための交通費が積み上がっていく。

前出の院長は明かす。「派遣会社から医師の紹介を受ける手もある。しかし、そのルートで僻地に来る医師は総じて質が悪い。とくに問題なのは、ある日突然辞めてしまうこと。これでは住民の信用を得られない」。

地道な活動で信頼構築

地方の日赤病院が厳しい懐事情にあえぐ中で、生き残りのためのさまざまな策を講じてきた病院もある。その1つが、牛の飼育頭数が人口の5倍を超える町・北海道清水町（人口約9300人）の清水赤十字病院（92床）だ。

4人の常勤医師と、複数の非常勤医師が支える同病院は十勝平野の西部にあり、病院がない隣の新得町（人口約6300人）の住民も多く訪れる。清水町中心部から、医療機関が集まる帯広市中心部までは35キロメートルから40キロメートル。新得町中心部から帯広市中心部までは、ルートによっては50キロメートルにもなる。清水赤十字病院は、小麦、馬鈴薯などの畑作や酪農で日本の食を支える西十勝の人々の生命線となっているのだ。

「病院は儲からない。ただし黒字化は難しくない」

2017年5月、清水赤十字病院の藤城貴教院長は、清水町議会の全員協議会でそう言い切った。このとき示した黒字化策は次のようなものだった。

「職員数や給与の削減を一層進める。患者にコスト転嫁できないサービスは廃止する。例えば、内視鏡検査時の鎮静剤は病院負担になるので、(患者が苦しくても)使わない。人工透析患者の無料送迎はやめる。時間外救急も夜間は人件費がたいへん高いのでやめる。災害救援活動もお金がかかるので少し遠慮する。町民公開講座なども廃止する」

そしてこう付け加えた。

「こういったことをやめるのは非常にわれわれの良心に反する行為だと思っている」

当時、清水赤十字病院は存続すら危ぶまれる状況だった。歴代院長が施設メンテナンスを放置し続けたツケが、14年に就任した藤城院長に降りかかってきたのだ。

病院本館の劣化対策だけでも概算14億円。今後、多額の修繕費が経営を圧迫し続ける。16年度は清水町から8000万円の補助金を得て乗り切ったが、年度末の補正予算で調整してもらう薄氷の経営では、計画的な病院運営を行えない。そこで藤城院長は、当初予算での補助金計上を町や町議会に求めた。全員協議会での説明もその一環だった。

「病院は経費削減に努める。しかし、住民の健康と安心を守るためには、赤字でも切り捨てられない経費がある。そこを支えてほしい」と訴え続けた。このような地道な活動や、住民との信頼関係づくりが実り、18年度から清水町の当初予算に1億円の補助金が計上されるようになった。

住民とのつながりをさらに強固にするため、18年1月から始めたユニークな取り組みが、「ワンコインからのプチ検診」だ。JR十勝清水駅に隣接する建物内に券売機を置き、検診券を販売している。

血糖、肝機能、脂質、貧血、痛風、腎機能の血液検査は各500円。1000円のピロリ菌検査や1500円の便潜血検査もある。この券を持って病院に行くと、予約や保険証なしで検査を受けられる。

「利用者は月平均5人ほどだが、病院を健康維持のために活用する人は着実に増えている」と矢田幸政・事務部長は話す。

先代院長までは断ることが多かった夜間の急患にも積極対応している。大きな手術はできないので、状態が悪いと帯広の病院に搬送するが、藤城院長は「われわれがまず対応して、病状を伝えてから搬送すると、患者さんは安心してくれる」と存在意義を語る。

18年9月の北海道胆振（いぶり）東部地震では、自家発電装置で病院機能を保ち、帯広市内の医療機関から15人の人工透析患者を受け入れた。16年の台風10号災害では断水が続いたが、自衛隊の給水で人工透析を継続した。

急性期病床50床のうち、12床を地域包括ケア病床に変えるなど、病床の削減や転換を進めてきた。そのため424病院リストの公表時も「驚きはしたが、焦りは感じなかった」と藤城院長。「医師の確保は大変だが、地域医療や十勝の魅力が十分に伝われば、希望者は増えるはず。地域包括ケア病床への転換をさらに進めるなどして、変化に対応したい」。

特色があってもリスト入り

424病院リストでは、特殊な存在感を放つ日赤病院の名も挙がった。長崎市の長崎原爆病院だ（297床）。1958年に長崎市が開設し、総合病院となった後の69年、日赤に移管された。現在は内科系を中心とした20診療科を擁している。

白川誠・事務部長はリストに挙がった理由を「評価基準に関係する脳神経外科や周産期科などがなく、がんも固形がんの治療実績が少ないため」とみる。そのうえで「被爆者の治療経験を生かし、血液がんの治療件数では県内トップを続けている。特殊性が評価されなかったのは残念」と話す。

長崎原爆被災者協議会の田中重光会長も驚きを隠せない。「今も被爆者の多くが長崎原爆病院で診療を受けている。原爆の記憶と被爆者医療の研究を次世代につなぐためにも、この病院をなくしてはならない」と語る。

長崎原爆病院は現在、カルテ電子化前の紙カルテを10年がかりで電子化する作業を進めている。積み上げると高さ3キロメートルを超える膨大な記録で、放射線による人体への影響などの研究がさらに進むと期待されている。

2015年からは、総事業費約115億円（うち国、県、市の補助は計約28億円）をかけて新病院の建設を進めてきた。20年5月から診療を始める。白川事務部長は

「病床の削減や、地域包括ケア病床、緩和ケア病床への転換を段階的に進めてきた。厚労省には現状をきちんと伝えて理解を求めたい」としている。

だが、長崎原爆病院といえども楽に生き残れるわけではない。日赤本社職員は語る。「病棟建て替えを境に経営が急激に悪化する病院もある。建て替えを機に合併を持ちかけられる病院もある。特色のある病院でも、厳しい生存競争にさらされる時代になっている」。

地域の健康を支えてきた日赤病院を、今後も守り抜くべきか否か。地域に暮らす住民一人ひとりにとって決してひとごとではない。

佐藤光展（さとう・みつのぶ）
読売新聞社などで約20年医療記者を務め、18年からフリーランス。NGO「ワセダクロニクル」メンバー。著書に『なぜ、日本の精神医療は暴走するのか』『精神医療ダークサイド』。

うそを重ねては再編が進まない

日本病院会 会長・相澤孝夫

厚生労働省は再編を検討すべき公立・公的病院を発表したが、各地で反発が起きている。日本病院会は、加入する約2500の公立・民間病院向けに各病院の機能や地域の状況を把握できる独自データの公表に踏み切る予定だ。

――国は団塊の世代が75歳になる2025年に向け、地域の医療体制を見直す「地域医療構想」を各都道府県に作成するよう要請しています。25年に必要な急性期、回復期などの機能ごとの病床数を調整するよう求めていますが、異論があるそうですね。

地域医療構想は一度白紙に戻し、最初からやり直したほうがいい。基になっているデータが間違っているからだ。厚労省は、各病院が病床機能を自己申告したデータを基に25年に必要な病床数を割り出している。しかし、これは病院の自己報告によるもので地域の実情に合っていない。

急性期（病気を発症したばかりの患者の治療）として申告されている病床も、実際にはその後の回復期（治療後のリハビリなど）の病床として使われている病床が多い。実情に合っていないデータを机の上に並べて、各地域で議論をしろと言われても再編が進むわけがない。

そもそも、病床の数合わせをすることは「構想」ではない。地域でお互いの病院の役割分担を考え、将来の地域医療の絵姿を描くのが本来だ。

総合的なデータを出す

——厚労省は地域医療構想の議論を促す目的で再編を検討すべき病院を今回発表し

ました。これは診療実績と近隣病院に類似機能があるかを分析したデータを基にしています。

このデータにも問題がある。これはがんや心臓疾患など一部の診療実績に限られている。さらに2017年7月の1カ月分しか見ていない。これでは偏りがあり、360度から見ているわけではない。病気によっては季節変動がある地域とない地域がある。少なくとも1年間のデータが必要だ。レセプト（診療報酬の明細書）があれば、1年通したものを示せるはずだ。

地域医療構想の基になったデータも今回のデータも問題があり、うそにうそを重ねていては再編が進まない。

総合的なデータを国が出さないのであれば、自分たちが出すしかない。日本病院会としては、会員向けに自分の病院の機能と地域の状況を把握し、考えるきっかけとなるような独自データを示そうと考えている。行政目線ではなく、「あなたの病院はこうです。周囲の病院はこんな状況です。さあ、どうしますか」ということを考えてもらうデータにする。1月中には公表し、4月以降はより詳しいデータを出したい。

中には自分の病院の正確なデータすら把握していない病院もある。自院と地域全体の状況がわかれば、重なった機能を分担して補完し合うことができる。そのほうが個々の病院経営もよくなるはずだ。

――これから病院はどのように変化しますか。

社会は急激なスピードで変わっている。75歳以上の人口が増え、それに対応した医療体制が必要になる。さらに医療が進歩し入院日数が短縮されれば、高齢患者も減る。

私の病院（相澤病院）がある長野県松本市では、病院間で役割分担を進めて連携する現在の体制ができるまで20年かかった。それくらい地域医療の再編には時間がかかる。このまま旧態依然とした体制を放置すれば、突然病院の機能が止まり、患者が困るような事態になりかねない。そうならないためにも大ナタを振るって変えるしかない。

（聞き手・井艸恵美）

相澤孝夫（あいざわ・たかお）

長野県内で初の地域医療支援病院の承認を受けた相澤病院（松本市）の理事長・最高経営責任者。東京慈恵医科大学卒。1994年から同病院の理事長。

医療法人倒産はなぜ起きるのか

「今日をもってこの法人は解散。従業員の方は全員解雇となります」

東京都中央区京橋にある高層ビル「京橋エドグラン」。都心のビジネス街にそびえ立つこの建物の24階に入居していた石井クリニックでは2019年の9月末、業務終了後に40名余りの従業員が突然集められていた。戸惑う従業員に向かって、クリニックの理事長や弁護士が告げたのが冒頭のせりふだった。

「ついにXデーがやってきたんだな、と」。それまでにクリニックの異変を感じていたある従業員は、当時のことをそう振り返る。

石井クリニックを運営する医療法人社団光人会は9月20日に破産手続きを開始。帝国データバンクによると、負債総額はおよそ9億円に上った。

多額の投資でつまずく

石井クリニックは、「新日本橋石井クリニック」として医師の石井光氏が中央区日本橋の小舟町で1996年に立ち上げ、18年5月に京橋エドグランに移転した。

石井氏は内視鏡医としての評判が高かったといい、移転前の日本橋時代から内視鏡検査がクリニックの収益の中心になっていた。1件数万円で、大腸や胃の検査を請け負っていた。またビジネス街に近いという場所柄、企業の健康診断を多く手がけていた。

さらに、「ANK免疫療法」という、免疫力を活性化させてがんを治す治療を行っていた。6週間の治療で400万円からという価格設定の自由診療で、月に数人、富裕層の患者が訪れていたという。13年度には年間売上高は9億円、事業利益（営業利益）は2000万円の黒字を確保していた。

だが13年度以降、売上高は右肩下がり。17年度には5億円を割り、事業利益は赤字に転落してしまう。「石井氏はクリニックの経営と並行して健康食品の販売にも力を入れ始めた。そちらに割く時間が多く、収益柱だった内視鏡検査の件数が減ってしまったのではないか」(クリニック関係者)。

転機が訪れたのは18年。入居していた日本橋小舟町のビルの老朽化による建て替えに伴い、立ち退きを迫られたのだ。それを機に石井氏は業容の拡大を目指すようになる。立ち退きをめぐって、数億円の立ち退き料を手にしたことも背景にあったとみられる。

「収益が細っていく中、石井氏は単価が高い訪日中国人客の医療ツーリズムの取り込みを狙っていた。転居先を探す中で、経営計画を立てないまま京橋エドグランに一目ぼれをしてしまったようだった」(前出の関係者)

訪日客向けの広告宣伝も不十分なままに18年5月には京橋エドグランへ移転し営業を開始。結果、クリニックは石井氏が思い描いていたようなにぎわいを見せることはついになかった。移転前の患者に移転後のクリニックの場所などを周知をしていなかったことで、既存患者も激減。クリニックでは閑古鳥が鳴いていたという。

そこを異常なコスト構造が襲う。まず京橋エドグランの賃料だ。24階のおよそ

270坪を借りており、賃料は月1300万円に上った。加えて人件費もかさんだ。在籍していたスタッフは40人以上で、売上高5億円弱のクリニックとしてはあまりに多い人員である。人件費負担だけで月1600万円になっていた。

訪日客の富裕層を狙った過剰な設備投資もあだとなった。血液浄化（血液クレンジング）装置やエコー検査装置など、高額な医療機器を次々に導入。毎月のリース料も1000万円規模に上った。こうして資金繰りは急速に悪化していく。

取引先への支払いが滞りがちになっていた19年の4月、取引銀行の要請もあり理事長が石井氏から石王道人氏に交代、経営再建に乗り出した。だが石王氏も資金繰りを好転させることはできなかった。スポンサー探しに奔走したものの、ネックになったのが多額の賃料。スポンサーとの話がまとまることはついになかった。

ANK免疫療法を行っていたがん患者には手紙で引き継ぎ先の病院の案内がなされたというが、ほかの通院患者に知らされることはなく、石井クリニックは閉院となった。解雇を宣告された従業員たちが感じた数々の異変は、最悪の結末を迎えたのだ。

倒産は10年で最多の水準

民間病院の経営は厳しさを増している。診療報酬などを決める政府の中央社会保険医療協議会が19年11月に公表した調査では、民間では3割を超える病院が赤字経営に陥っていると回答。クリニック（診療所）においても、3割程度が赤字だとしている。

人口減で患者が減っている地方だけでなく、医療機関同士の競争が激しい都市部でも慢性的な赤字体質に陥っているところがある。

帝国データバンクによれば、19年11月までで病院、クリニック、歯科医院を合わせた倒産件数は38件。19年通年での倒産件数は過去10年で最多になる見込みだ。医療法人の代表は医師でなければならないが、「医者は経営者ではないので、法人の舵取りは難しい」（同社情報編集課の阿部成伸氏）。

■ 2019年の倒産件数は過去10年で最多の水準に
—医療機関の倒産件数推移—

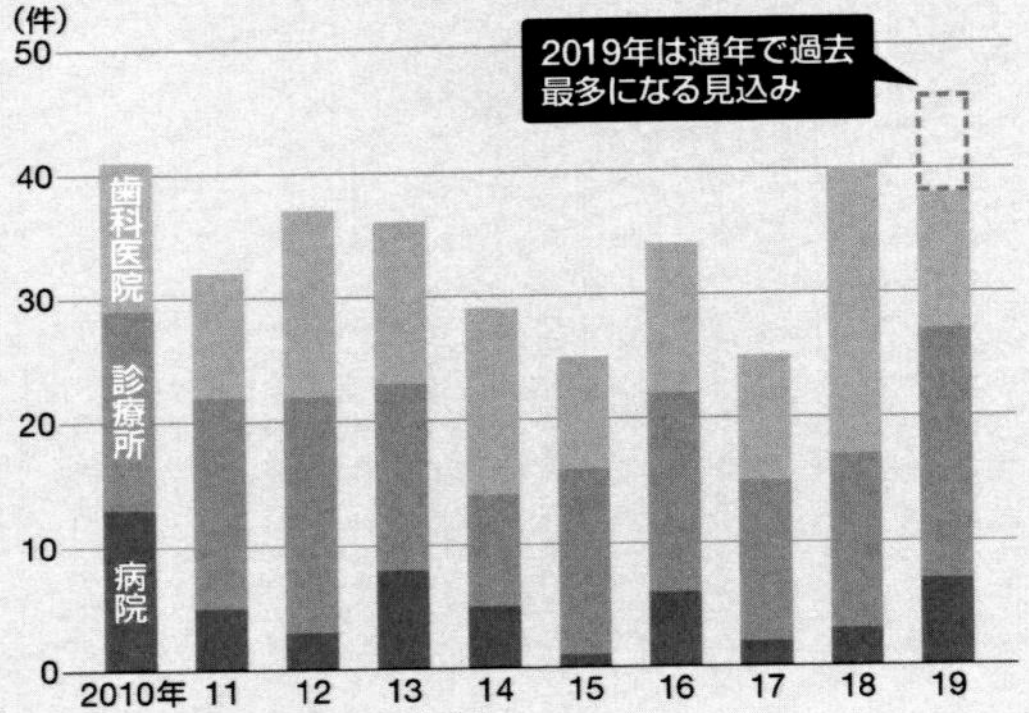

(注)2019年の倒産件数は11月末時点
(出所)帝国データバンク

不振に陥る典型の1つが、石井クリニックのように過剰投資に原因があるもの。「医師は横並び志向が強く、必要性の薄い医療機器や設備まで導入してしまう」（金融機関関係者）。患者の疾患傾向や投資の回収期間を考えずに、無謀な経営計画で投資を先行させてしまうことがある。

さらに、人件費比率が高いのも医療法人の特徴だ。売上高のおよそ50％程度が人件費になっている。医師や看護師の確保のために、それ以上になっているところもある。優秀な医師を獲得するために高額な年収を提示するものの、競争の激化などでそれに見合った医業収入を上げられないケースがある。

組織としての統制・管理が緩い医療法人も多い。「ガバナンスがまともに機能している民間の中小医療法人はほとんどないのでは」（ある医療機関関係者）ともいわれるほどだ。

ガバナンスの欠如で倒産に追い込まれたのが、東京・品川区で「大崎病院 東京ハートセンター」を経営していた冠心会だ。19年8月に負債総額42億円を抱え民事再生法の適用申請を行った、19年では最大の医療法人の倒産劇だ。

冠心会は1994年創業。2005年に開業した東京ハートセンターのベッド数は88床で、24時間の救急医療にも対応していた。人気医療漫画『ブラックジャックによろしく』の登場人物のモデルになった心臓外科医が在籍するなど名医ぞろいで、知名度が高い病院だった。

だが、建物の保有者から訴訟を起こされたことで、18年末から家賃の滞納が続いていたことが発覚。実は15年度から債務超過に陥っていた。19年に入り、資金繰りが悪化した背景には理事長夫人が法人資金を私的に流用していた疑惑のあることが、一部の週刊誌で報じられた。

経営難や信用不安によって、医師や看護師の退職が相次いでいたという。こうして病院として機能不全に陥っていった冠心会。債権者である建物の保有者が民事再生法の適用を申請し破綻となった。なお東京ハートセンターは、大田区で東京蒲田病院を経営する「森と海　東京」がスポンサーとなり、診療を継続。新しい体制で再建を図っている。

■東京ハートセンターのような有名病院も倒産 ―過去6年の主な倒産―

倒産年	法人名	主な病院	負債	形態	所在地
2014	緑生会	あびこクリニック	63億円	民事再生	千葉県
16	神戸国際フロンティアメディカルセンター	法人名と同じ	42億円	破産	兵庫県
16	武蔵野総合病院	法人名と同じ	34億円	民事再生	埼玉県
17	誠広会	平野総合病院	87億円	民事再生	岐阜県
18	翔洋会	磐城中央病院	61億円	民事再生	福島県
19	冠心会	東京ハートセンター	42億円	民事再生	東京都

(出所)帝国データバンク

事業承継失敗のケースも

医療法人経営にとって買収による事業承継も鬼門だ。経営難や後継者不足で苦しむ法人が多い中、買収する法人に見合った価格で買えずに、高値づかみしてしまうことで経営に行き詰まるケースもある。

ある医療グループは数年前、売りに出ていた都内の病院を買収した。この病院はおよそ40床を有し、脳外科領域に強い24時間体制の救急病院だった。だが、地域内での競争の激化や相次ぐ医師の退職によって業績は右肩下がり。創業者は80歳を超えていたが後継者はいなかった。

その病院の建物や土地は、創業者である高齢医師の個人所有だった。そのため、承継の際には病院を運営する医療法人が高齢医師個人からそれらの不動産を買い取る形にした。その際に病院が借り入れた金額は10億円。高齢医師が多額の現金を得る一方で、数千万円規模の黒字と赤字を繰り返すような業績だった病院を手にした医療グループは、あまりにも大きい負債を背負うことになった。

医療グループが描いていた買収後の事業計画も甘かった。引退する高齢医師に支払った退職金も負担となり、病院は債務超過に陥ってしまう。さらに、「不動産の買収費用に利払い費、退職金が重なり運転資金も尽きてしまった」(同病院関係者)。

グループ内での相乗効果を生み出すこともできず、同病院では従業員への給与や取引先への支払いが遅れるなど、資金繰りが急速に悪化。結果、グループは病院の経営権を手放すことになった。なお、買収された病院も過大な負債が重荷となり倒産、民事再生によって再建を目指している。

医療機関は経営の巧拙も厳しく問われるようになっているのだ。

(石阪友貴)

地域密着では民間病院の出番

日本医療法人協会　会長・加納繁照

諸外国と比べ日本の医療の特徴は民間病院の多さだ。病床数の約7割を民間病院が占めている。公立病院の改革が促される中、民間病院が果たす役割とは何か。多くの民間病院が加盟する日本医療法人協会の加納繁照会長に話を聞いた。

――公立病院と民間病院の違いは何でしょうか。

日本の医療は民間が主体になっている。例えば救急搬送受け入れ件数の約6割を民間が担っている。これを都道府県別に見れば地域差がある。

民間の救急搬送受け入れが最も高い埼玉県は78％であるのに対し、最も低い富山県は7％だ（2017年）。民間が5割以上を占める地域は首都圏や関西の都市部が中心だ。

高齢化社会によって、今後は75歳以上の人口が増加する。東京都や大阪府、神奈川県、埼玉県、千葉県などは高齢者が増える。こうした都市部でも民間病院の重要性が増していく。

一方で、人口減少が進む地方や僻地は採算性が低く、民間では経営が成り立たない。公立病院は赤字を出しても自治体から税金（繰入金）が投入されるが、民間は2期連続で赤字を出せば銀行からの借り入れが難しくなる。こうした地域では公立病院と補完的な関係を築く必要がある。

公立病院への多額の繰入金（自治体からの補填）を寛容できる時代ではなくなっている。厚生労働省による再検証病院の発表は妥当だろう。ただし、公立が医療を担う地方と民間中心の都市部は分けて考えるべきだ。

巨大病院はいらない

――病院の再編・統合で大規模な病院が増えています。

病院の新築や建て替えは現在、自治体の首長にとって唯一つくりやすい箱モノになっている。私が懸念するのは地域医療構想がこうした箱モノづくりの格好の材料になっていることだ。

膨大な税金を投入し、病院統合で大規模な病院を新設しても、結果的に統合前よりも赤字が膨れ上がっているところもある。例えば、2015年に2つの県立病院が統合して建設された兵庫県の公立病院は、17年の収支報告で2億3300万円の黒字であった。ところが約28億5800万円の繰入金があり、実質的には約26億円の赤字だった。自治体からの繰入金は統合前の2病院への繰入金合計額の約1・5倍に増えている。

人口はどんどん減っているため集約化は必要だが、問題点は大きな病院の独り勝ちになっているということだ。

日本の病院は300床以下が約8割、民間病院では200床以下が約8割を占めている。大きな病院ができれば患者がそこに集中し職員も引き抜かれるため、周囲の病院の経営が悪化する。とくに税金が入っていない民間病院はダメージが大きい。

再編を検討するには、公立病院の拡張による中小病院への影響と、投入される税金の額が適切なのか十分に議論すべきだ。もちろん再編して集約化すべき機能もある。救命を必要とする重篤患者を受け入れる救命救急センターや小児・周産期、がん治療などだ。しかし、中程度の重症患者を受け入れる救急医療や高齢者医療は、集約化せずに分散していたほうがむしろよい。

——これからの民間病院の役割は何でしょうか。

中小規模の民間病院は、その多くが地域で育まれ、医療と介護を展開する地域密着型の病院だ。人生100年時代に求められるのは、治療から社会復帰まで担うこうした地域密着型の病院だ。巨大病院よりも、小回りの利く民間中小病院の存在が重要になるだろう。

（聞き手・井艸恵美）

加納繁照（かのう・しげあき）

社会医療法人協和会・加納総合病院（大阪市）理事長。1955年生まれ。順天堂大学卒業後、京都大学で消化器外科を専攻。2015年から日本医療法人協会会長。

売却案件は引きも切らず

盛り上がる病院のM&A

2017年秋、医療関係者の注目を集めた病院の事業譲渡に関する入札が実施された。その病院は、品川区東大井の東芝病院。不正会計で揺れていた東芝が、経営再建策の一環として事業譲渡する方針を打ち出したからだ。

東芝病院は、東芝が1945年に設立した企業立病院。当初は社員や家族の診療を目的にした職域病院だったが、途中から一般患者も受け入れるようになり、地域に根差した病院となっていた。ただし毎年、赤字を計上し業績は芳しくなかった。

「東芝がやっていたからうまくいかなかっただけで、立地や施設を考えればポテンシャルは高い。これだけの〝出物〟はなかなかない」（病院のM&A〈合併・買収〉に携わる投資ファンド幹部）

医療関係者の間では、そうした声が上がるほど関心が高く、1次入札は8社前後に上った。応札したのは、サテライト病院として活用したいと考えていた大学病院、大手病院グループ、周辺の病院などそうそうたるプレーヤーばかり。その後、2次入札も実施され、価格は吊り上がっていった。

結果、275億円で手中に収めたのはここ数年、大手病院グループの1つとして頭角を現してきたカマチグループ。外資系投資銀行をアドバイザーに就け、他を圧倒する価格で競り落としたのだ。

大手グループが受け皿に

事業譲渡から1年半が経過し、東芝病院、現在の東京品川病院は大きく変わった。再スタートを切った直後、入札に敗れた大手の大学病院が一斉に医師を引き揚げたため、産科が運営できなくなるという事態に見舞われたものの、19年10月からは再開。救急患者も2・4倍に増え、医業収益も増加しているという。

では、東芝病院を再建しているカマチグループとは、どのようなグループなのか。

1974年、山口県下関市に開院した19床の下関カマチ病院からスタート。それ以降、福岡市に福岡和白病院を開院するなど、九州・山口を中心に病院を展開していった。当初こそ、急性期病院が中心だったものの、2000年代初めから千葉県の八千代市や埼玉県の所沢市などで相次いでリハビリテーション病院を開院。回復期病院の展開を進めるとともに、関東進出を図る。

途中、経営が立ちゆかなくなった佐賀県武雄市の市民病院や、埼玉県久喜市の埼玉県厚生農業協同組合連合会が運営していた病院を譲り受けて勢力を拡大。現在では、22の病院と7つの学校を運営する大手の医療法人グループだ。

このように、経営不振に陥った病院を、大手病院グループが譲り受ける、事業会社でいうところのM&Aをするケースは、何もカマチグループだけではない。

ここ10年の事例を見ると、日本郵政が赤字に陥っている各地の逓信病院を一斉に譲渡、平成医療福祉グループや葵会グループ、板橋中央医科グループなどが譲り受けている。また、東芝病院のように企業が運営する病院についても、日立製作所が、小平記念東京日立病院を大坪グループに、日立横浜病院を平成医療グループに譲渡している。

民間病院もさることながら、公立・公的病院の経営はさらに苦しい。カマチグループが武雄市の市民病院を譲り受けたことは前述したが、神奈川県立の七沢リハビリテーション病院脳血管センターや、川崎社会保険病院などは葵会グループが譲り受けている。

「200床以上で譲渡価格が10億円以上の病院は、大手病院グループが受け皿となっている。公立病院などは、人件費が高く労働組合もあるからM&Aもやりづらいが、にっちもさっちもいかなくなり、大手病院グループに泣きつくケースは多い」と病院経営に詳しい関係者は明かす。

■不振病院の"受け皿"に ―大手病院グループの概要―

グループ名	展開地域	病床数	病院数	主な病院	特徴など
徳洲会グループ	全国	17,589	71	湘南藤沢徳洲会病院、千葉西病院	徳田虎雄氏が全国に展開。だが、病床に伏してから急ブレーキ
板橋中央医科グループ（IMS）	1都7県	9,575	36	板橋中央総合病院	1980年代から急拡大した巨大グループ。最近では仙台逓信病院を継承
上尾中央医科グループ（AMG）	1都6県	6,098	27	上尾中央総合病院	上尾市立病院を引き継ぎスタート。最近では移転、増築を積極化
セコム医療システム	1都 6道府県	5,840	20	久我山病院	単一の医療法人グループではなく、それぞれの医療法人がセコムと提携
戸田中央医科グループ（TMG）	1都4県	4,911	29	戸田中央総合病院	中央医科グループの1つ。住友重機健保の浦賀病院を継承
葵会グループ	1都 11道県	4,722	24	八本松病院	各地の医療法人を傘下に加えて拡大、名古屋逓信病院、川崎社保病院などを継承
カマチグループ（池友会・巨樹の会）	1都6県	4,077	22	福岡和白病院	下関発祥。九州と関東で回復期病床を中心に拡大。武雄市民病院や東芝病院を継承
平成医療福祉グループ（平成博愛会）	1都 6府県	3,797	24	博愛記念病院	回復期・慢性期に強く、日立横浜病院や徳島逓信病院を取得するなど買収に積極的
大坪グループ（大坪会・全仁会など）	1都5県	3,368	18	三軒茶屋病院	日本通運健保東京病院や、小平記念東京日立病院などを継承し拡大
北九州病院グループ	1県	3,250	11	北九州総合病院	福岡の医療法人を傘下に収め拡大した西日本有数のグループ
ふれあいグループ（康心会など）	1都2県	3,114	17	湘南東部総合病院	70年開設の相模医院からスタート。神奈川を中心に展開
聖隷福祉事業団	4県	2,911	7	聖隷三方原病院	結核患者の介護から出発。横浜や千葉などで国立病院を積極的に継承
国際医療福祉大学（高邦会グループ）	1都4県	2,596	12	三田病院、山王病院	三田病院や山王病院、最近では福岡逓信病院なども継承

（注）病床数2500床以上のグループ。2018年末時点　（出所）取材を基に本誌作成

先の表は介護老人保健施設（老健）を除いた一般病院で、２５００床以上の大手病院グループを２０１８年末時点の病床数でランキングしたものだ。ほとんどのグループが、これまでさまざまな病院の受け皿となって事業譲渡を受け、勢力を拡大させている。

ある大手病院グループの代表は、「いろいろな人から、毎週のように買収案件が持ち込まれる。そういう意味では選び放題だ。地方銀行をはじめとする銀行も、『いくらでも金を貸しますよ』と言ってくれるし、病院のＭ＆Ａにはもってこいの環境だ」と豪語する。

トップの徳洲会グループは、創設者の徳田虎雄氏の病気や一族の不祥事もあって急ブレーキがかかっているものの、それ以外はこの代表の言葉どおりいかにも元気だ。関係者の話を総合すると、「中でも板橋中央医科グループや葵会グループ、平成医療グループ、大坪グループ、そしてカマチグループなどは元気で、積極的に買収している」という。

潮目が変わった

このように、隆盛を極めていた病院のM&Aだが、「最近になって潮目が変わってきた」と話す関係者も目立つようになってきた。

「以前は、プレーヤーの数に比べて出物が少なかったこともあり、ライバルに奪われる前に買わなければと1床1500万円を目安に買いあさっていた。しかし、買った後の再建やオペレーションに手間取るところも少なくなく、買い控えが起き始めている」(医療関係者)

それだけではない。

「不採算の病院は設備投資もままならなかったところが多いため、買った後、大規模改修が必要になる。しかし、人手不足のあおりを受けて改修費用が以前の2倍くらいに膨らむなど高騰している。しかも病院を買うと、医師も半数くらい離れていくため、その手当ても必要になってくる。つまり、不採算の病院を買ったことでコストがかかり、重荷になってしまっているグループも少なくない」(同)というのだ。

事実、病院のM&Aを手がける金融関係者は、「ある大手病院グループのメインバンクは、『不採算病院を抱えすぎていて、このままいくと銀行も共倒れになりかねない』と頭を抱えている」と明かす。とはいえ、公立や公的病院などを中心に案件がなくなっているわけではない。その結果、「売り手と買い手がこれまでとは違ってきている」(別の医療関係者)というのだ。

そうした中、最近M&Aプレーヤーとして現れてきたのが、前述したランキングに登場するグループより、規模が少し小さな病院グループだという。

「中規模の医療法人が成長を図ろうと、100床前後で、医業収益10億~20億円程度の病院を買い始めている。それくらいの規模なので、入札ではなく相対取引が中心」だと、医療関係者は明かす。

あと2~3年がピーク

では、今後、病院のM&Aは増えるのか。前出の金融関係者は、「あと2~3年がピークなのではないか」と語る。

というのも、新耐震基準になる前に建てられた病院や、1985年の第1次医療改革で、ベッド数を抑制するために実施された「病床規制」前に駆け込みで建設された病院が、ちょうど建て替え時期を迎えている。だが、経営が苦しい病院には、そのコストが重荷となっているからだ。

さらに、後継者不足も拍車をかける。かつてと違い、子どもは大学病院や大手病院の医師となって、不振にあえぐ病院の跡など継ごうとしないからだ。「今からコストをかけて経営を続けても、負債が増えるばかりで誰も喜ばない。だったら、売れるうちに売ってしまおうと考える院長が多い」とある病院の院長は語る。

M&Aの対象になる病院はまだましなほう。見向きもされないまま、将来が見通せない病院が全国にあふれているのも現実だ。


（田島靖久）

買収した東芝病院は3年で再建できる

カマチグループ 会長・蒲池眞澄

下関で開業して以降、急性期病院を中心に展開していたが、二十数年前に職員から「リハビリ専門の病院をやってみたい」との声が上がってきた。そこでゴーサインを出したところ、爆発的に患者が増えてニーズの高さを実感した。

そんな折、縁があって千葉県八千代市に回復期リハビリ病院を開業、ここでも患者がたくさん来たため、「関東には回復期リハビリ病院が足りていない」と考えるに至った。

関東進出を進めたのはそれからだ。経営移譲や新設によって回復期リハビリ病院を拡大、その途中で、「関東でもカマチ流のオープンな急性期病院をやりたい」と考えたのだ。関東には、腕のいい医師や高度な医療設備がそろった病院は多い。だが、ちょっとした病気やケガでも気安く通える病院がないと感じた。

そう考えていたときに出合ったのが東芝病院。もともと職域病院であったため、まるで企業の医務室のようだった。しかし、われわれが培ってきたノウハウと人的リソースを移植すれば、3年で再建できると考えて手を挙げた。移譲から1年半が経過し大規模な改修をしながら改革を進めている。一時、医師が離れたときもグループ内でバックアップし、ベッドも満床になるなど順調に再建が進んでいる。

病院の移譲案件は、毎週のように寄せられている。地域や自治体からのニーズがあれば、今後も積極的に展開し、患者さんを中心に考えたカマチ流の病院経営を見せていきたい。

蒲池眞澄（かまち・ますみ）
1940年福岡県生まれ。九州大学医学部卒。74年に下関カマチ病院を開院。2003年から現職。

架空の売却話も飛び交う

病院M&Aに群がる怪しい人々

病院のM＆Aに携わっている金融関係者は、先日、九州の中堅病院の院長と話していて驚いた。

「東京のある病院から、よかったら買いませんかって話が来たんだけどどう思う？」

名前が挙がったのは、何と自分が関係していた病院。確かに経営は苦しいもののこれまで売却話などはいっさい出ていなかったからだ。

慌てたこの金融関係者は、すぐさま病院理事長に確認の連絡を入れたが、「そんなつもりはない」との返事。つまり病院側の承諾も得ないまま、何者かが勝手に売却話を進めていたのだ。

実は今、こうした話は枚挙にいとまがない。本人たちの知らないところで勝手に売却話が出回っているケースが後を絶たないというのだ。

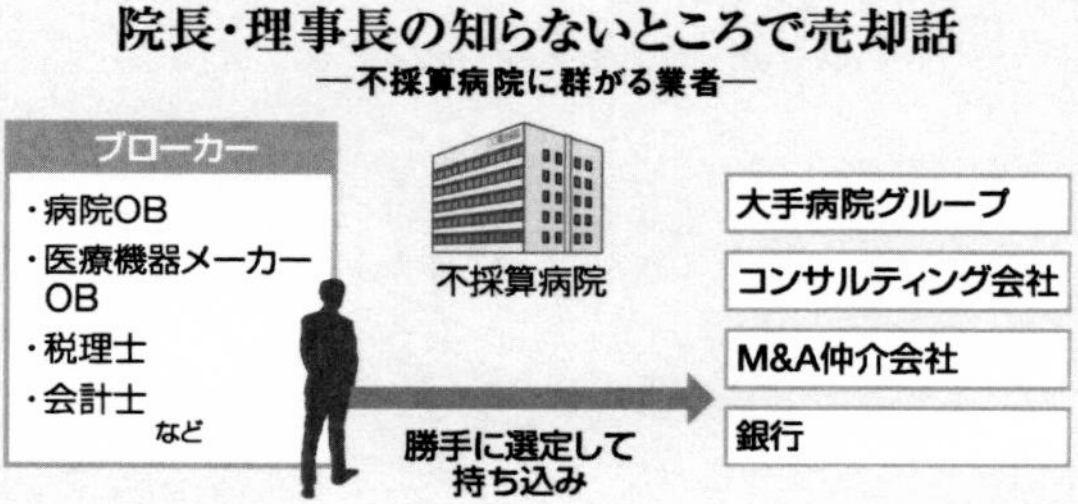
院長・理事長の知らないところで売却話
―不採算病院に群がる業者―
ブローカー
・病院OB
・医療機器メーカーOB
・税理士
・会計士
など
不採算病院
勝手に選定して持ち込み
大手病院グループ
コンサルティング会社
M&A仲介会社
銀行

先の図は、病院のM&Aに詳しい関係者の話を基に、架空の売却話がどのように作られ、持ち込まれているのかをまとめたものだ。

まず、事務や経理といった病院の内実に詳しい病院職員OBや、やはり内部事情に精通している医療機器メーカーのOB、そして税理士や会計士といった「ブローカー」が、対象となる病院をピックアップする。病床の稼働率をはじめ、財務状況や職員の定着率、そして周辺病院の状況といったデータを基に、スクリーニングをかけていくという。

「よほどの病院でなければどこも経営は苦しい。だから、いくらでもピックアップすることができる」と、ある医療関係者は指摘する。

そのうえで、過去の実績などから価格を算定し、大手病院グループや金融機関などに持ち込むわけだ。

あるブローカーは、「多いのは100床以下の病院。金額は5億~10億円レベルかなぁ。でも、持ち込んだ先の病院も、苦しいくせに乗り気だったりする。話がまとまればラッキー、くらいな感覚でさまざまな案件を持ち込んでいるよ。もらえるフィーはそれなりだね」と語る。

病院に貸し込む銀行

このように、経営不振の病院にはさまざまなプレーヤーが群がっている。

「最近多いのはファンド系。しかも病院経営のイロハさえ知らない不動産投資ファンドが相次いで参入している」（病院M&Aに携わる関係者）

病院をマンションのような収益不動産とみて、投資しているというのだ。

「病院版不動産投資信託などを組成しようと考えているようだが、病院の経営は容易ではなく、リターンが出せるとは思えない」（M&A関係者）との指摘があるにもかかわらずだ。

中には、「ファンドの金の出し手が中国系企業というケースもあるようで、運用先を探して病院にたどり着いたのではないか」と明かす関係者もいる。

運用先に困って病院に群がっているのは、銀行も同じ。さすがに赤字額の大きな病院に対してではないが、優良な病院に対しては、融資先の確保に悩む地方銀行が列をなすように貸し込んでいる。

「地銀のやり方は、金利なんてほぼゼロ％。『病院は潰れない』という前提に立っているからだ。確かに、地域から逃げられない地銀には病院を支える使命があるというのもわかるが、すでに不良債権化しているものもあり心配になる」（金融関係者）との声も上がっている。

ある病院のメインバンクを務める地銀では、他行が融資に消極的になって融資比率が上昇する〝メイン寄せ〟に遭い、「病院と一蓮托生に陥っている」（同）ケースもある。

異業種から見れば、閉鎖的な世界だった病院は儲かる肥沃なマーケットに映るのかもしれない。しかし現実はそんなに甘くないようだ。

（田島靖久）

債務超過の三井記念病院　外来患者が増える順天堂

電気街として知られる東京の秋葉原。ＪＲ秋葉原駅から歩いて5分ほどの所に、**三井記念病院**（東京都千代田区）の白亜の高層建築がそびえ立つ。

１９０９年に三井財閥の寄付によってつくられた三井慈善病院をルーツに持ち、医師の人的交流では東大医学部と強いつながりがある。医学界では誰もが認めるブランド病院だ。

だがこの名門の経営は「重症」だ。患者減少などで経営は低空飛行を続け、２０１６年度、2億円の債務超過に転落した。直近の１８年度の経常収支（経常利益）は２８０万円の赤字、つまりは利益ゼロである。債務超過は7億円にのぼる。

三井記念がなぜ経営不振にあえぐのか。ある医療関係者は、「看板となる診療科がない」と話す。「三井記念は少し前まで白内障手術で有名だった。白内障手術で新しい術式を開発し、多くの手術をこなしていた赤星隆幸医師が17年に退職し、途端に眼科の収益が落ちたようだ」。

また三井記念といえば心臓手術で定評があったが、「ほかの病院の手術レベルが上がり、三井記念が絶対的によい、ということがなくなった」(都内の医師)。大手病院に紹介状を書く医師からすると三井記念も選択肢の1つにすぎなくなった。

都会はすべてが高コスト

都会の大病院は患者が集まりやすく、経営的にも問題なさそうな印象があるかもしれないが、診療報酬は全国で一律。都会であろうと地方の郡部であろうと同じ金額だ。東京のような都会の病院ではすべてが高コストになりやすい。

さらにこの数年は働き方改革による残業代の支払い厳格化などで、人件費が高騰している。医師、看護師を確保するために、高い給料を払ってでもスタッフをそろえなければならない。これも病院経営を圧迫する一因だ。

日本医科大学（東京都文京区）の経営も万全とはいいがたい。15年度の経常収支は20億円の赤字だった。以後の16〜18年度は、黒字額が4000万円、19億円、31億円と年を追うごとに好転したが、これは大学決算の報告書に記述があるように、「全職員の収入の拡大や経費の削減に対する取り組み」が効果を上げた結果である。今や大学病院の医師といえども、医療収入を増やすことに留意しなければならないのだ。

東京女子医科大学（東京都新宿区）は数年前、深刻な経営危機に陥った。きっかけは14年に小児が亡くなった医療事故。病院のずさんな管理体制が問われ、厚生労働省は特定機能病院の承認を取り消した。外来患者の減少によって3期連続の赤字になる。その対策として人件費の抑制などのためリストラを実施。しだいに患者も戻り、17年度以降は業績を回復しつつあるが、リストラをめぐり学内にしこりを残した。

長年、大学入試で女性受験生に不利な採点をしていた**東京医科大学**（東京都新宿区）の経営はどうだろうか。17年に入試不正が発覚し、18〜19年度の2年間、私学助成金を全額カットされた。17年度には23億円の助成金があったが、これがなくなった18年度の経常収支は2億円の赤字だった。

大手病院の中には不採算や不得意の部門を思い切って縮小し、経営改善を図るところもあるが、それはごく一部にとどまる。まして大学はあらゆる診療分野の専門家を育成する社会的な使命がある。

NPO法人・医療ガバナンス研究所の上昌広理事長は、「大学病院は、小児科や産婦人科、救急といった部門の稼働率が低いからといって廃止することができない」と構造的な問題を指摘する。

有力教授を外部から招聘

他方で堅調なのが**順天堂大学**（東京都文京区）だ。18年度の経常収支は65億円、その前年度は104億円と高収益だ。

順天堂は出身大学にこだわらず、実力のある教授を外部から招聘している。その代表ともいえるのが上皇陛下の心臓手術をした外科医の天野篤教授だ。外来患者を呼び込むため、実力のある医師を客員教授などのポストに就け、積極的な増収策をとっているのも特徴だ。外来患者数は大学病院でもトップクラス。経営が巧みと評されるゆえんだ。

有名病院や大学病院が何もしなくても患者を集められる時代は終わった。経営手腕も必要とされている。

（長谷川　隆）

【週刊東洋経済】

本書は、東洋経済新報社『週刊東洋経済』2020年1月11日号より抜粋、加筆修正のうえ制作しています。この記事が完全収録された底本をはじめ、雑誌バックナンバーは小社ホームページからもお求めいただけます。

小社では、『週刊東洋経済eビジネス新書』シリーズをはじめ、このほかにも多数の電子書籍ラインナップをそろえております。ぜひストアにて「東洋経済」で検索してみてください。

『週刊東洋経済eビジネス新書』シリーズ

No.310　最強私学　早稲田 vs. 慶応

No.311　脱炭素経営

No.312　5G革命

No.313　クスリの大罪

No.314　お金の教科書

No.315　銀行員の岐路
No.316　中国が仕掛ける大学バトル
No.317　沸騰！再開発最前線
No.318　ソニーに学べ
No.319　老後資金の設計書
No.320　子ども本位の中高一貫校選び
No.321　定年後も稼ぐ力
No.322　ハワイvs.沖縄　リゾートの条件
No.323　相続の最新ルール
No.324　お墓とお寺のイロハ
No.325　マネー殺到！　期待のベンチャー
No.326　かんぽの闇　保険・投信の落とし穴
No.327　中国　危うい超大国
No.328　子どもの命を守る

週刊東洋経済eビジネス新書　No.340
病院が壊れる

【本誌（底本）】
編集局　井艸恵美、長谷川　隆、風間直樹、田島靖久、石阪友貴
デザイン　杉山未記
進行管理　中島康順、下村　恵
発行日　2020年1月11日

【電子版】
編集制作　塚田由紀夫、長谷川　隆
デザイン　市川和代
制作協力　丸井工文社
発行日　2020年8月3日　Ver.1

発行所　〒103-8345
東京都中央区日本橋本石町1-2-1
東洋経済新報社
電話　東洋経済コールセンター
03（6386）1040
https://toyokeizai.net/
発行人　駒橋憲一

電子書籍化に際しては、仕様上の都合などにより適宜編集を加えています。登場人物に関する情報、価格、為替レートなどは、特に記載のない限り底本編集当時のものです。一部の漢字を簡易慣用字体やかなで表記している場合があります。本書は縦書きでレイアウトしています。ご覧になる機種により表示に差が生じることがあります。

※本刊行物は、電子書籍版に基づいてプリントオンデマンド版として作成されたものです。